editorial

W0299874

Liebe Leserin, lieber Leser, haben Sie eine italienische Lieblingsstadt?

WIR HABEN GLEICH DREI: Wie alle Mode- und Designfans schwärmen wir von Mailand, wir begeistern uns für die Antike in Rom, sind fasziniert von der Renaissance in Florenz. So haben wir unser aktuelles Heft diesen drei Grazien gewidmet. Und auf unseren Recherchen hinter den Kulissen neben der klassischen Schönheit viel Neues entdeckt. Zum Beispiel in der Mailänder Modewelt, wo eine junge Garde von Designern die Szene mit Street-Art-Chic aufmischt. Oder die spannende architektonische Neuerfindung der Stadt, die sich mit vielen kühnen Hochhäusern eine ganz neue Silhouette erschaffen hat.

Ewige Postkarte: Rom betört mit der Ansicht von Tiber, Petersdom und Engelsbrücke im Abendlicht

Den renommiertesten Foodkritiker der Toskana, Leonardo Romanelli, kenne ich schon lange, weil ich jedes Jahr ein Extraheft über diese Region produziere (siehe S. 139). Was alle von ihm wissen wollen? Wo gehen eigentlich die Florentiner essen, jenseits des Touristenrummels. Bei einem Streifzug durch seine Heimatstadt hat er uns die rustikalen Lokale gezeigt, die er und seine Landsleute lieben. Und erklärt, warum die Zutaten die Hauptrolle spielen in dieser eher einfachen Küche. Extrem aufwendig ist dagegen die Instandhaltung der größten Florentiner Attraktionen: Fast ein Drittel aller Kunstwerke Italiens befinden sich dort. Im Opificio delle Pietre Dure haben unsere Reporter den besten Restauratoren der Welt zugeschaut, wie sie Werke von Michelangelo und Leonardo in neuem Glanz erstrahlen lassen.

In Rom haben wir die Strandbäder der Hauptstädter besucht und sind der Frage nachgegangen, warum manche Viertel im Müll zu ersticken scheinen. Vor allem aber haben wir – gestaunt: über die grandiose Schönheit der Ewigen Stadt, die Dichter seit Jahrhunderten feiern. Denn das sind diese drei unterschiedlichen Städte ohne Frage: Wunderwerke, die uns immer wieder verzücken.

Ich wünsche Ihnen viel Vergnügen beim Lesen und beim Reisen!

Herzlich Ihre

Kornelia Dietrich
Redaktionsleitung GEO Special

inhalt

TITEL: Das Forum Romanum bei Sonnenaufgang

76
Sommerfrische auf Italienisch: Im Strandbad der Römer

40
Florenz kulinarisch: Zucchini-Flan in der »Enoteca Pitti«

16 Ode an Rom: Die schönsten Orte der Hauptstadt – wie die Piazza Navona

30 Steht mir das? Auf der Fashion Week in Milano

56 Hoch hinaus: Mailands neue Architektur

98 Mailand: Eine Stadt, zwei Fußballclubs

86 Florenz: In der Kunsthauptstadt Italiens

S. 129

PREISRÄTSEL

Gewinnen Sie ein Wochenende in Florenz im Fünf-Sterne-Hotel »Savoy«

S. 146

Große Karte zum Ausklappen mit allen Adressen und Tipps aus dem Heft

ERLEBEN
ESSEN & TRINKEN
EINKAUFEN
SCHLAFEN

RUBRIKEN

unterwegs erlebt

DIE REISE-GESCHICHTEN DER GEO-SPECIAL-REPORTER

ROM

ANNETTE RÜBESAMEN

entdeckte eine neue Seite Roms

Die GEO-Special-Autorin Annette Rübesamen lebt seit 23 Jahren in Italien und weiß: Was den Deutschen im Sommer ihr Kleingarten, ist den Römern ihr Strandbad. Im Sommer flüchten sie vor der Hitze der Stadt gern in ihre Hütten am Meer. Doch solche Strandbäder wie in Lido di Ostia bei Rom kannte auch Rübesamen nicht: »Sie waren alle von Mauern umgeben, sodass man als Spaziergänger auf der Promenade das Meer nicht sehen konnte.« Annette Rübesamen begeisterte sich daher eher für einen Strandabschnitt ein paar Kilometer weiter: »Dort hat man zur einen Seite den Pinienwald, zur anderen das Meer im Blick.«

→ **Sommer vor der Hütte** *ab Seite 76*

FLORENZ

GUIDO COZZI

traf die Retterin der Meisterwerke

Ikonen der Renaissance vom Staub der Jahrhunderte befreien – das ist die Aufgabe von Cecilia Frosinini im Opificio delle Pietre Dure. Fotograf Guido Cozzi porträtierte sie bei der Arbeit, musste aber vorsichtig sein. Viele der Bilder im weltberühmten Restaurierungsatelier in Florenz durfte er nicht fotografieren – wegen der komplexen Bildrechte. Viel mehr beeindruckt hat Cozzi ohnehin, wie leidenschaftlich Frosinini von ihrer Arbeit erzählte.

→ **Neuer Glanz für alte Meister** *ab Seite 86*

MAILAND

ALESSANDRO ROTA & LENZ KOPPELSTÄTTER

guckten Fußball

Der Autor Lenz Koppelstätter (r.) – das muss offengelegt werden – ist seit 1990, als Lothar Matthäus, Andreas Brehme und Jürgen Klinsmann bei Inter Mailand kickten, glühender Interista. Für GEO Special bibberte er sich durch die 90 Minuten des Mailänder Lokalderbys Inter gegen Milan. Fotograf Alessandro Rota (l.) brachte das Spiel nicht aus der Ruhe. Er ist häufig in Krisenregionen unterwegs. Während Koppelstätter betend auf seinem Sitz kauerte, ordnete Rota auf dem Notebook unbeeindruckt die gemachten Bilder.

→ **Forza Inter! Forza Milan!** *ab Seite 98*

Wie die Redakteure in diesem Sommer kühle Köpfe bewahrten? Mit vielen Kugeln Eis. Italienischem, natürlich

IN EIGENER SACHE
Zuweilen unterstützen uns Agenturen, Tourismusbüros, Hotels, Veranstalter oder Airlines bei den Recherchen. Unsere Reportagen und Informationen sind dadurch in keiner Weise beeinflusst.

www.volkswagen.de
Der Tiguan JOIN.
Mit Car-Net Dienst „Parkposition".[1] Das Auto schneller finden als den Schlüssel.
WOB J7000
We
Jetzt erhältlich in Ihrem App-Store.
Wir bringen die Zukunft in Serie.
Volkswagen
[1]Optionale Sonderausstattung. Erhältlich im optionalen Security & Service Plus-Paket. Abbildung zeigt Sonderausstattung gegen Mehrpreis. Stand: 06/18.

Spiegelbildlich

EINE KÜNSTLERIN BLICKT AUF SICH SELBST ZURÜCK: Marina Abramović (Foto) hat für ihre Retrospektive »The Cleaner« im Florentiner Palazzo Strozzi mehr als 100 Kunstwerke ihrer außergewöhnlichen Karriere zusammengestellt. Von den 1970er-Jahren bis heute, Fotografien, Videos und Installationen. Es ist das Lebenswerk des 71 Jahre alten Perfomance-Stars aus Serbien: bedeutend, umstritten und radikal. Einige ihrer Aktionen werden von speziell ausgebildeten Künstlern nachgestellt. Bei manchen dürfen sogar die Besucher mitmachen. So zum Beispiel bei »Mutual Gaze«, bei dem sich je zwei Besucher gegenübersitzen und einander still in die Augen schauen. So schlicht, so kraftvoll und berührend.

1 **Palazzo Strozzi,** *Florenz, Piazza degli Strozzi, Tel. 055-264 51 55, www.palazzostrozzi.org, 21. 9. 2018 bis 20. 1. 2019*

takeoff

DIE REISE KANN BEGINNEN

Rand-Erscheinungen

MODERNE ARCHITEKTUR IN ROM ODER FLORENZ, deren Zentren die Schönheit vergangener Jahrhunderte konservieren? Schwierig. Da hat es Mailand einfacher, wo derzeit die Hochhäuser in den Himmel schießen (s. Seite 56). In Florenz und Rom dagegen weicht hochfliegende Architektur an den Stadtrand: Im Flaminio-Viertel, im Nordwesten Roms, glänzt das Museum Maxxi (l.) von Zaha Hadid mit kühnen Perspektiven, im Nordwesten von Florenz die futuristische Neue Oper. Dort können Besucher übrigens jederzeit aufs Dach steigen – um auf die Altstadt von Florenz zu schauen.

2 **Maggio Musicale Fiorentino,** *Florenz, Piazza Vittorio Gui 1, Tel. 055-2779309, www.maggiofiorentino.com*

3 **Maxxi Museum,** *Rom, Via Guido Reni 4a, Tel. 06-3201954, www.maxxi.art*

ZITAT

»Italien hat sich verändert. Aber Rom ist Rom!«

ROBERT DE NIRO, AMERIKANISCHER SCHAUSPIELER

Immer der Nase nach

DIESEN RÖMERN LÄUFT STÄNDIG DIE NASE. 24 Stunden lang, jeden Tag. Die gute Nachricht: Es handelt sich nicht um ein bisher unbekanntes Grippevirus, sondern um *nasoni*, die Trinkwasserbrunnen der Stadt, von den Römern ihrer Form wegen liebevoll »große Nasen« genannt. Die App »Fountains in Italy« hat den richtigen Riecher für die Wasserspender: Per Karte weist sie den Weg zur nächsten Trinkwasserquelle – und das nicht nur in Rom, sondern auch in Florenz und Mailand.

»Fountains in Italy« *für Android, gratis*

Freiluft-Ateliers

SIE VERSTECKT SICH in Hauseingängen, verwandelt Verkehrsschilder, übertüncht Wände: Street-Art ist in Rom, Florenz und Mailand an allen Ecken zu finden. Für die Werke dieser drei Lokalhelden lohnt es sich, ganz genau hinzuschauen: Alice Pasquini besprayt in Rom als AliCè Wände mit poetischen Bildern, die von menschlichen Beziehungen erzählen; der Franzose Clet Abraham dekoriert in Florenz Straßenschilder um; und Jacopo Ceccarelli – Künstlername 2501 – setzt in Mailand auf klare Linien.

Römischer Stopf-Trupp

ALLE WEGE FÜHREN NACH ROM, doch in Rom führen sie womöglich zur nächsten Autowerkstatt. Durchschnittlich klafft alle 15 Meter ein Schlagloch in den Straßen der Stadt. Nicht hinnehmbar für die Freiwilligen des Vereins »Tappami«, zu Deutsch: »Stopf mich!«. Seit drei Jahren ziehen sie mit Schaufel und Kaltasphalt los, um zu tun, was die Stadtverwaltung ihrer Meinung nach versäumt. Mehr als 5000 Schlaglöcher haben sie bereits geflickt. Die Bewohner sind begeistert, die städtischen Straßenbauer fühlen sich auf den Schlips getreten.

Finger fertig!

DIE ITALIEN-ERINNERUNGEN im Winter in Händen halten? Kein Problem mit dem richtigen Mitbringsel: Kehren Sie in Florenz bei »Madova« ein. Seit fast 100 Jahren stellt die Familie Donnini dort feinste Lederhandschuhe in Handarbeit her – in etlichen Farben, Formen, Lederarten. Und das zu erstaunlich günstigen Preisen (ab 32 €).

4 *Florenz, Via de' Guicciardini 1 R, Tel. 055-239 65 26, www.madova.com*

Club der Visionäre

GLASKLARE VERSCHWENDUNG! So dachten Wissenschaftler der Universität Mailand-Bicocca über die Sonnenstrahlen, die ungenutzt auf Häuserfronten scheinen. Könnte man nicht die Fenster zur Stromgewinnung nutzen? Mithilfe einer transparenten Schicht aus Nanoteilchen, die die Energie der Sonne einfangen, damit Solarzellen sie in Strom umwandeln? Die Mailänder gründeten im Jahr 2016 das Start-up »Glass to Power«, lancierten die größte Crowdfunding-Aktion Italiens – und konnten sich Anfang 2018 über gut 2,2 Millionen Euro Investitionskapital freuen. Bald wollen sie die ersten Gebäude mit ihrer Erfindung ausstatten. Langfristiges Ziel: Häuser, die ihren gesamten Energiebedarf über die Fensterflächen decken.

Glass to Power, *www.glasstopower.com*

Mythen Check

Alles eitel Sonnenschein?

So heißt es
Ab nach Italien – dort scheint immer die Sonne!

So ist es
Ob in Rom, Florenz oder Mailand: In jeder dieser Städte regnet es mehr als in der vermeintlichen deutschen Regenmetropole Hamburg. Durchschnittlich fallen in Rom 804, in Florenz 873 und in Mailand 920 Millimeter pro Jahr. An der Elbe sind es gerade mal 773 Millimeter. Der Mythos »Süden, Sonne, Sonnenschein« speist sich aus den Regentagen pro Jahr: In Hamburg regnet es im Schnitt an 129 Tagen im Jahr, in Rom, Florenz und Mailand jeweils nur an rund 80 Tagen. Besonders regenreiche Monate sind dort übrigens Oktober und November.

Das lernen wir
Planen Sie sorgfältig, und reisen Sie nicht im Spätherbst nach Rom, Florenz oder Mailand. Und falls es im Sommer doch einmal regnen sollte, ist der Spuk meist schnell vorüber.

Hund Couture

MASSGESCHNEIDERTES FÜR VIERBEINER? In der Modehauptstadt Mailand – wo sonst? – gibt es auch das. Die Designerin Giovanna Temellini hat für Größen wie Armani gearbeitet; seit 2016 entwirft sie Kleidung auch für Kleine. Genauer gesagt, für Hunde. Die Regenjacken, Kapuzenmäntel oder Strickpullover ihrer »Dog à porter«-Kollektionen werden aus edlen Materialien gefertigt und haargenau angepasst. Natürlich schneidert Temellini auch den passenden Partnerlook für Frauchen.
5 **Temellini Milano,** *Mailand, Via Dell'Orso 5, Tel. 02-83645152, www.temellinimilano.com*

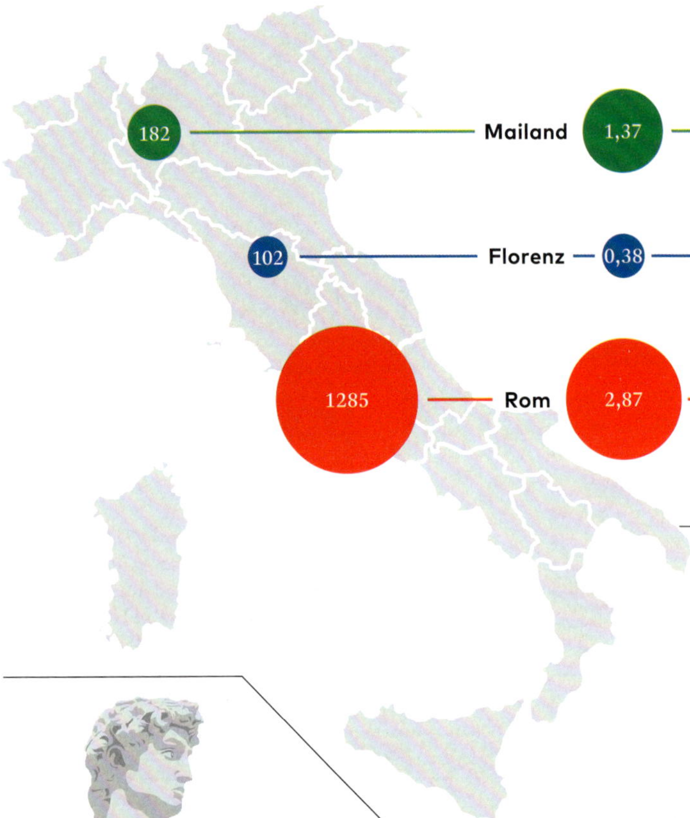

Fläche
in km²

Einwohner
in Mio.

Einwohnerdichte
Einwohner pro km²

	Fläche	Einwohner	Einwohnerdichte
Mailand	182	1,37	7527
Florenz	102	0,38	3725
Rom	1285	2,87	2233

Wer wirtschaftet am besten?
Bruttoinlandsprodukt pro Kopf, in €, 2014

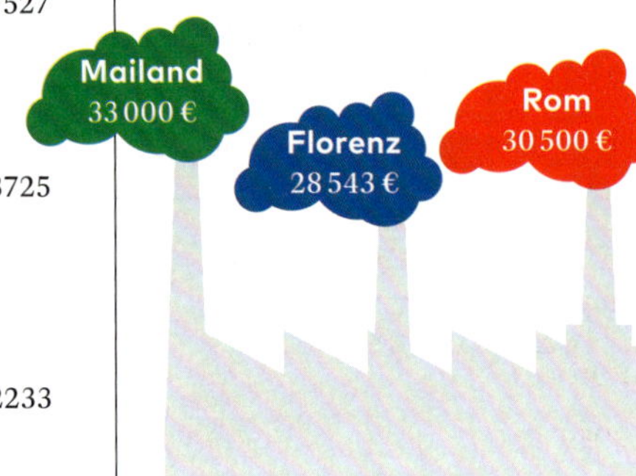

Mailand 33 000 €

Florenz 28 543 €

Rom 30 500 €

Gut verkuppelt!
Die Kuppeln berühmter historischer Gebäude im Vergleich

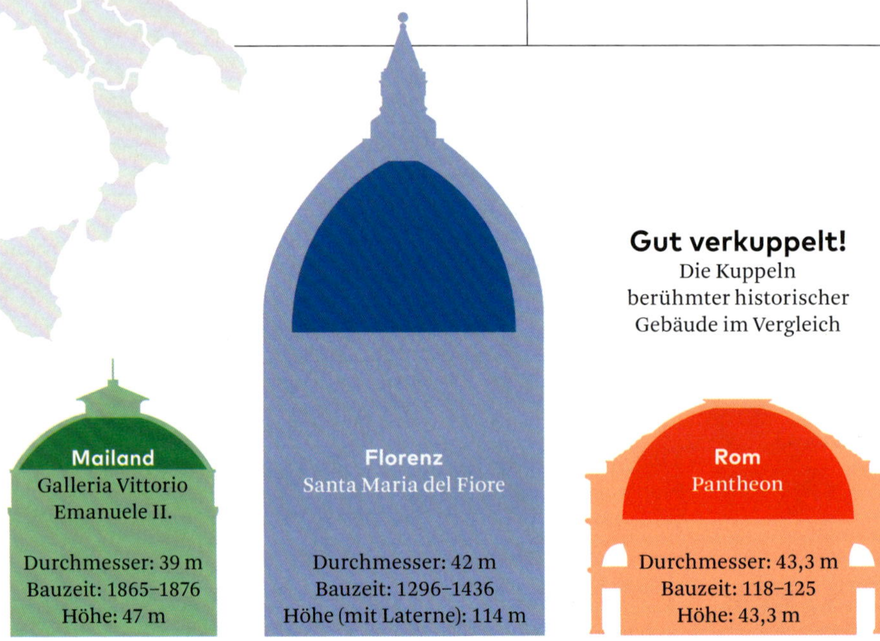

Mailand
Galleria Vittorio Emanuele II.
Durchmesser: 39 m
Bauzeit: 1865–1876
Höhe: 47 m

Florenz
Santa Maria del Fiore
Durchmesser: 42 m
Bauzeit: 1296–1436
Höhe (mit Laterne): 114 m

Rom
Pantheon
Durchmesser: 43,3 m
Bauzeit: 118–125
Höhe: 43,3 m

Kunstvoll
Fast ein Drittel der Kunstschätze Italiens findet man in Florenz

Gol! Gol! Gol!
So viele Meisterschaften konnten die Vereine aus Rom, Florenz, Mailand in der höchsten italienischen Fußballliga Serie A erringen

Stadt	Verein	Meisterschaften
Mailand	AC Milan	18
Mailand	Inter	18
Rom	AS Roma	3
Rom	S.S. Lazio	2
Florenz	ACF Fiorentina	2

Auto-Stadt

Von 1000 Römern besitzen 710 ein Auto. Zum Vergleich: In Berlin sind es von 1000 Bewohnern nur 324

Auf der Durchreise

So viele Besucher aus dem Ausland kamen 2017 nach …

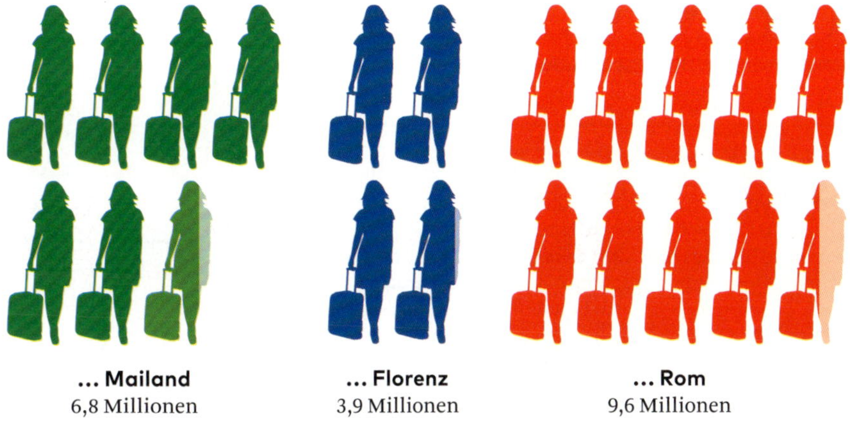

Gut Ding dauert halt

Es brauchte fast 500 Jahre, um den Dom in Mailand fertigzustellen. Der Bau begann 1386; die Kirchenportale wurden 1965 abgeschlossen

54 Mann – voll auf die 12

27 Spieler pro Mannschaft kämpfen im Juni in Florenz beim »Calcio Storico« gegeneinander: ein Mix aus Fußball und Rugby, bei dem getreten, geschlagen, geboxt werden darf. Ungezählt: die Platzwunden, Veilchen und gebrochenen Nasen

140

Heiligenstatuen stehen im Vatikan rund um den Petersplatz

Das Kolosseum …

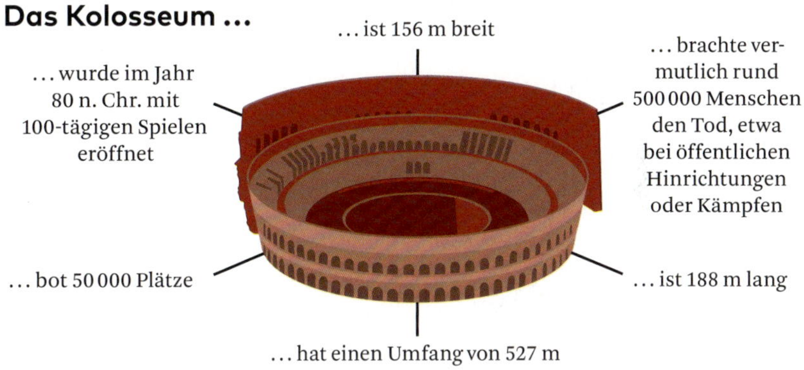

Zum Glück versenkt

2017 haben Besucher aus aller Welt dem Schicksal nachhelfen wollen und insgesamt 1,4 Millionen Euro in den Trevi-Brunnen geworfen. Das Glück in Münzform fließt anderen zu: Der Brunnen wird regelmäßig geleert, das Geld geht an Projekte der römischen Caritas

Wider die Wildpinkler!

3300 Euro Strafe muss zahlen, wer in Rom beim öffentlichen Urinieren erwischt wird

Infografik: Ole Häntzschel

check-in

Gut zu wissen

TELEFON
Die italienische Landesvorwahl ist 0039. Stets die gesamte Ortsvorwahl mitwählen – auch die 0. Das gilt auch bei Festnetzanrufen aus dem Ausland. Italienische Mobilfunknummern beginnen nicht mit einer 0.

ANREISE
Wer das Flugzeug nimmt, fliegt in Rom den Flughafen Fiumicino oder Ciampino an, in Florenz den Toscana Aeroporto oder den Aeroporto Galileo Galilei bei Pisa. In Mailand kommen die Flughäfen Malpensa, Linate und Bergamo infrage. Werfen Sie auch einen Blick auf mögliche Bahnverbindungen: Die Deutsche Bahn bietet eine einfache Fahrt im Sparpreis ab 29,90 € an, *www.bahn.de*

GÜNSTIG DURCH ROM
Unkompliziert durch die Ewige Stadt? Die Kommune bietet zwei Rom-Pässe an, mit denen man kostenlos Bus und Bahn fahren und vergünstigt Sehenswürdigkeiten besuchen kann: 48 Stunden für 28 €, 72 Stunden für 38,50 €, *www.romapass.it*

VORTEILHAFT IN FLORENZ
Mit der Firenzecard haben Sie 72 Stunden lang Eintritt in die meisten Museen in der Stadt am Arno und müssen nicht Schlange stehen. Preis: 85 €. Für zusätzlich 7 € können Sie mit der Karte auch den ÖPNV nutzen, *www.firenzecard.it*

RABATTE IN MAILAND
Im Städtevergleich der Rabattkarten schneidet Mailand im Preis-Leistungs-Verhältnis am besten ab. Die Milanocard beinhaltet alle Fahrten mit Bus, Bahn und Tram in der Stadt, ermäßigte Preise für den Flughafenbus sowie vergünstigte bis kostenlose Eintritte zu Sehenswürdigkeiten. Es gibt drei Karten: 24 Stunden für 8 €, 48 Stunden für 14 €, 72 Stunden für 19 €, *www.milanocard.it*

VERANSTALTER
Es gibt etliche organisierte Städtetrips nach Rom, Florenz und Mailand: Studiosus *(www.studiosus.com)* bietet etwa »Rom – 5 Tage« ab 755 € p. P. an. Mit SKR Reisen (www.skr.de) lernen Sie fünf Tage lang »Florenz – Wiege der Renaissance« kennen, ab 649 € p. P. Und Dertour (www.dertour.de) schnürt das zweitägige Kulturpaket »Mailänder Scala« mit Opernbesuch ab 492 € p. P.

HOTELS
Die Hotelpreise in diesem Heft sind in drei Kategorien unterteilt: € DZ bis 100 €, €€ DZ bis 140 € und €€€ DZ ab 141 €. Hotelpreise schwanken stark, wir geben den jeweils günstigsten Preis für ein Doppelzimmer an.

Die Familie Antinori

Es bleibt in der Familie!

WOHLHABENDE FAMILIEN-DYNASTIEN gehören zu Florenz wie Michelangelos David oder der Dom. Etwa 20 Stadtpaläste sollen noch immer von den Erben derjenigen bewohnt sein, die sie einst erbauen ließen. Drei der zehn ältesten noch aktiven Familienbetriebe der Welt sind in Florenz ansässig. Und einer Studie zufolge hat sich auch an der Einkommensverteilung in der Stadt zwischen dem 15. und 21. Jahrhundert kaum etwas verändert: Die reichsten Florentiner Familien von damals sind es auch heute noch. Dazu zählen die Frescobaldi mit ihren Weinen genauso wie die Ridolfi, die von Lorenzo de'Medici abstammen, und Familie Antinori (Foto), die ebenfalls für ihre Weinproduktion bekannt ist.

Leckerli-Kino

EIN HUNDESALON AM RANDE ROMS, dessen Besitzer im Sumpf des Verbrechens zu versinken droht: Der neue Film von Regisseur Matteo Garrone (»Gomorrha«) ist so spannend wie düster – und beruht auf einer wahren Geschichte. »Dogman«, ab 18. Oktober 2018 in deutschen Kinos.

Klappe auf

DASS FLORENZ nicht von Pappe ist, weiß jeder. Florenz aus Pappe hingegen zeigt dieses Pop-up-Buch, aus dem die schönsten Bauwerke der Stadt hervorspringen (l. der Florentiner Dom). In derselben Reihe erschienen: Mailands spektakuläre Gebäude, vom Dom bis zur modernen Skyline. **»The Wonders of Florence«** *und* **»Magnificent Milan«**, *je 12 Seiten, je ca. 15 € (in Englisch oder Italienisch)*

BIST DU EIN
TRAVELER?
NATIONAL GEOGRAPHIC
TRAVELER
OUTDOOR
DIE ABENTEURER DES JAHRES
LESEN · TRÄUMEN · REISEN
DIE 25 SCHÖNSTEN STÄDTE EUROPAS
Entdeckungen zwischen Rom und Stockholm
ARIZONA
DER TRAUM VOM WILDEN WESTEN
SÜDAFRIKA
LÖWEN GUCKEN AUF EIGENE FAUST
ISLAND
MIT DEM PFERD BEIM SCHAFABTRIEB
NEU IM HANDEL
WILLKOMMEN IN UNSERER WELT
MIT DEN BESTEN REPORTERN DIE AUFREGENDSTEN ORTE ERLEBEN.
NATIONAL GEOGRAPHIC
TRAVELER

Pathos, Rost und Patina: Wer Rom stilecht erkunden und nicht im Verkehr stecken bleiben will, mietet eine Vespa

AUF IMMER

Bella Roma! Wer diese Stadt einmal besucht hat, möchte immer wieder zurückkommen. Rom hat Stil, Grandezza, Lebensart – und trägt sein grandioses antikes Erbe mit einer Lässigkeit, wie es nur eine Weltmetropole kann. Eine Ode an die schönste Stadt Italiens

TEXT Oliver Maria Schmitt

UND EWIG: ROM

Eisblau ergießt sich das Wasser in den Trevi-Brunnen und verleiht Neptun, seinen Meerespferden und den anderen Fabelwesen des Architekten Nicola Salvi einen dramatischen Auftritt

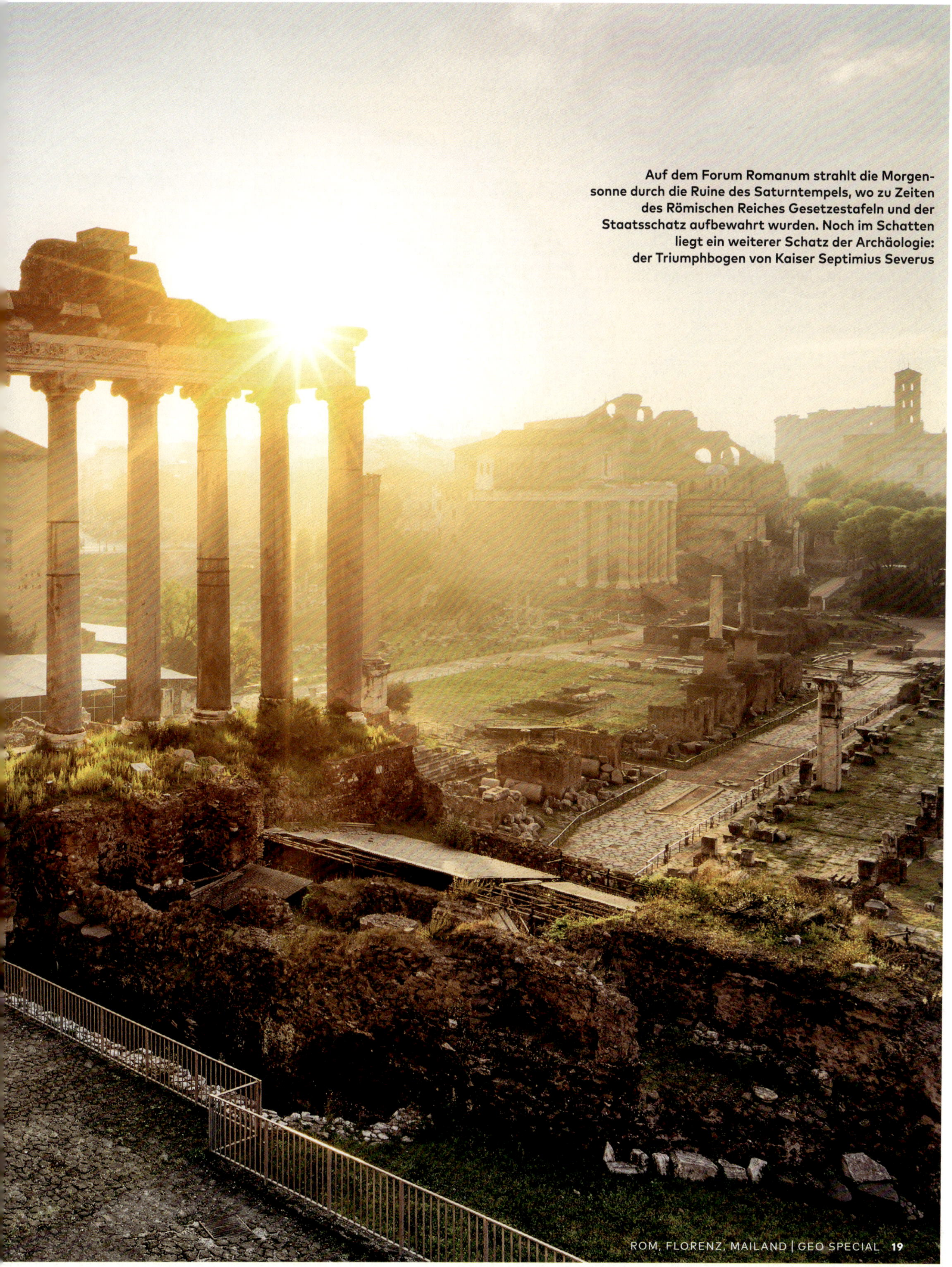

Auf dem Forum Romanum strahlt die Morgensonne durch die Ruine des Saturntempels, wo zu Zeiten des Römischen Reiches Gesetzestafeln und der Staatsschatz aufbewahrt wurden. Noch im Schatten liegt ein weiterer Schatz der Archäologie: der Triumphbogen von Kaiser Septimius Severus

Wenn sich die mächtige Kirche Sant'Agnese, die Palazzi und Brunnen langsam in Abendlicht hüllen, bricht die beste Zeit an für einen *passeggiata* auf der Piazza Navona, dem barocken Zentrum Roms

In Trastevere westlich des Tibers genießen Römer in Trattorien wie »Aristocampo« und »Ditto Trinchetti«, was ihre Stadt derart unwiderstehlich macht: Straßentrubel, Gastlichkeit und Bucatini all'amatriciana

In der Kapelle des Heiligen Sebastian im Petersdom lenkt das Licht den Blick in die Kuppel: auf eine kunstvoll gemalte Prozession zu Gott

Über dem Vatikan strahlt der Petersdom, über dem Tiber weist die beleuchtete Engelsbrücke den Weg Richtung Engelsburg, zur einstmaligen Festung der Päpste

In der Antike berauschte sich das Volk im Kolosseum an blutigen Schlachten. Heute ist das Monument Wahrzeichen, Touristenmagnet und Mahnmal gegen die Todesstrafe

MAN SAGT VIEL VON ROM, DAS WAHR IST: ROM IST DIE SCHÖNSTE STADT DES UNIVERSUMS, DER MITTELPUNKT DER WELT, DER ANFANG VON ALLEM UND, KNAPP VOR DEM BERLINER GROSSFLUGHAFEN, DIE FASZINIERENDSTE DAUERBAUSTELLE DER ARCHITEKTURGESCHICHTE; HIER ARBEITET GOTTES STELLVERTRETER IM VATIKAN, HIER GIBT'S DIE ELEGANTESTEN FRAUEN ..

... die aufregendsten Priesterkalender und das beste Eis sowieso. Doch Rom ist nicht einzigartig! Es gibt nämlich mindestens zwei: das Rom der Touristen aus aller Welt, der Menschentrauben, der Gladiatoren mit Plastikrüstungen und supergünstigen Selfiesticks – und es gibt das andere Rom, das man selbst entdeckt, sich selbst erlaufen und erfahren hat, das nur einem selbst gehört und das einem keiner mehr nehmen kann.

Etwa bei einem Spaziergang auf den Aventin, durch einen grillenbezirpten Orangengarten hinauf auf den Aussichtsbalkon der Stadt. Che bella! Und dann durchs Loch linsen: der Blick durchs berühmteste Schlüsselloch Italiens, am Gartentor der Magistralvilla des Malteserordens. Was man sieht, ist absolut unbeschreiblich und soll hier keinesfalls verraten werden. Oder diese kleine Espressobar in Trastevere, in der der Wirt für den Caffè corretto den besten Grappa aus dem Regal nimmt, den man südlich der Alpen kriegen kann. Oder das alleweil tosende, tobende und notorisch verstopfte Rom, das gänzlich verpufft und verschwindet, wenn man auf der 2000 Jahre alten Via Appia Antica nur mal ein bisschen aus der Stadt rausläuft. Plötzlich steht man so was von in der Botanik, dass man sich wie verrückt auf den klapprigen Linienbus freut, der einen zurück ins Getriebe bringt.

Meine mir unvergesslichste Entdeckung jedoch war die des Umbilicus Urbis, des »Nabels der Stadt«, eines unscheinbaren, kleinen Trümmertempels auf dem Forum Romanum. Es führen ja gar nicht alle Wege nach Rom, sondern alle fangen dort an – weshalb von diesem symbolischen Zentrum die Meilenzählung aller Militärstraßen ausging. Außerdem wurde der »Nabel« auch als *mundus* angesehen, als die Stelle, an der sich Ober- und Unterwelt berührten. Ein Schritt zu viel, und man war auf ewig bei Orkus zu Gast! Mit äußerster Konzentration und Vorsicht entfernte ich mich von diesem gefährlichen Ort, der nicht mal durch eine besondere Absperrung gesichert war.

Schließlich gibt es in der Oberwelt noch etliches zu tun: Nur in Rom kann man so fruchtbar wie endlos darüber streiten, welche der unzähligen Kuppeln die beeindruckendste ist: die riesige Halbschale des Pantheon aus antikem Beton, durch deren Loch in der Mitte mal Licht, mal Regen fällt, oder die von Andrea Pozzo gemalte Fake-Kuppel in der Kirche Sant'Ignazio di Loyola – so täuschend echt, dass man sich die Augen wund guckt. Die allergrößten Kunstwerke der ewigen Stadt aber schuf Michelangelo: den Petersdom, die Fresken

der Sixtinischen Kapelle, wahrscheinlich den Hauptbahnhof Termini und noch wahrscheinlicher das Rezept für dieses überirdisch dem Gaumen schmeichelnde Tannennadelspitzen-Eis, das ich in einer Eisdiele kurz vor der Ponte Sisto entdeckt und woran ich mich fast um den Verstand geleckt habe.

Was wir an Rom in Wahrheit haben, begreift man erst, wenn man es sich mal wegdenkt: ohne Rom keinen Römersalat, keinen Romadur-Käse, keine CD-Rom. Ohne Rom sähe es im deutschen und sogar internationalen Sprichwortwesen ziemlich mau aus: Kein Weg führte nach Rom, das dann sehr wahrscheinlich doch an einem Tag erbaut worden wäre; und der Vorwurf »zu Rom gewesen und den Papst nicht gesehen« existierte auch nicht. Ohne Rom könnte die Literatur einpacken: Goethe hätte keine Elegien geliefert, Ingeborg Bachmann wäre Sehen und Hören vergangen (»Was ich in Rom sah und hörte«), Rolf Dieter Brinkmann hätte keine gewagten Aussichten gehabt (»Rom, Blicke«), und Wolfgang Koeppen wäre, wer weiß, vielleicht noch am Leben (»Der Tod in Rom«). Das ist übrigens alles nicht ausgedacht, dafür lege ich meine Hand zwar nicht ins Feuer, aber in den gierigen Schlund der Bocca della Verità.

Auch wenn die Politik der Stadt gerade wieder darniederliegt, die römischen Staats- und Stadtkassen so chronisch leer sind, dass man zur Sanierung am liebsten auf die täglichen Münzbefüllungen des Trevi-Brunnens durch die Touristen zugreifen würde (rund 3800 Euro täglich, die werden aber gespendet) – die »Königin der Welt«, wie sie der Kulturhistoriker Jacob Burckhardt nannte, ist noch ewiger und undenkbar abdankbarer als Elizabeth II.

Auch wenn Rom eine typische Frühlings- und Sommerstadt ist – meine Jahreszeit dort ist der Spätherbst, der November. Kaum Warteschlangen vor den Museen, das Forum Romanum hat man praktisch für sich allein, und in der Lieblingstrattoria hinter der Villa Borghese gibt's immer einen freien Tisch. Gut, es gießt schon mal aus Kübeln und Amphoren, die U-Bahn säuft ab, und über den grauen Himmel ziehen riesige Scharen von Staren. Doch dann reißt am Nachmittag ohne Vorwarnung der Himmel auf! Glitzernder Marmor und blank gewaschener Travertin schneiden sich in einen Himmel von solcher Bläue, dass man sich die Augen reibt. Schreiend schießen die Starenwolken empor, um das Lichtspektakel zu feiern.

Für die innere Wärme sorgt dann am besten eine heiße Minestrone. Die hole ich mir auf dem Mercato Flaminio, wo Graziella Martinelli ihren Gemüsestand und die Suppenzutaten schon zusammengeschnippelt hat. In meinem Päckchen sind Zucchini, Lauch, Fenchel, Spinat, Blumenkohl, Brokkoli, Mangold und Kartoffeln. »Alles in einen Topf, Wasser und Salz dazu, sonst nichts«, sagt die Signora und schaut streng hinter ihren Auberginen hervor. »Die Aromen des Gemüses reichen. Wenn die Kartoffeln weich sind, ist alles fertig.« Köstlich, diese Suppe, und auch sehr leicht. Hm, vielleicht zu leicht. Da kann man ruhig noch ein paar Telefonkroketten hinterherwerfen, Supplì al Telefono, die typisch römischen frittierten Risottobällchen mit Mozzarella in der Mitte, der beim Aufbeißen telefonschnurlange Fäden zieht. Die besten gibt's bei »Ai Marmi« in Trastevere.

Danach fühlt man sich ein kleines bisschen schwerer – aber nicht so schwer, wie sich der dräuende Abschied von Rom anfühlt. Wenn ich jetzt ein letztes Mal zum Umbilicus Urbis ginge, in die Unterwelt schaute und aus Versehen hineinfiele – dann würde ich wohl für immer in der Stadt der sieben Hügel bleiben können. Denn deutsche Pilger erhalten auf dem Campo Santo Teutonico, dem Deutschen Friedhof direkt neben dem Petersdom, eine letzte Ruhestätte. Warum nicht? Dann hätte nämlich wieder mal die Ewige Stadt am Tiber das letzte Wort: *Roma locuta, causa finita* – Rom hat gesprochen, die Sache ist erledigt. ◐

»Quanto sei bella ...« – »Wie schön du bist!« Wie viele *ragazzi* mögen das ihrer Angebeteten auf der Spanischen Treppe (l.) zugeflüstert haben?

Das perfekte Geschenk

Ein Zeitschriften-Abonnement in edler Verpackung.

Mehr als **40 MAGAZINE** zur Auswahl

1 Bestellen Sie jetzt ihr Wunsch-Abo unter:
www.abo-box.de

2 Wir senden Ihnen die Geschenkbox zum persönlichen Überreichen.

3 Alle weiteren Ausgaben erhält die oder der Beschenkte frei Haus geliefert.

Sie erhalten die Geschenkbox inklusive einer zusätzlichen Gratis-Ausgabe und einem Gutschein*.

* Geschenkbox und Prämie abhängig vom gewählten Abonnement.

Anbieter des Abonnements ist Gruner + Jahr GmbH. Belieferung, Betreuung und Abrechnung erfolgen durch DPV Deutscher Pressevertrieb GmbH als leistenden Unternehmer.

info / RÖMISCHE SCHÄTZE

Roms schönste Seiten sehen – da fällt die Wahl schwer in dieser Stadt voller Sehenswürdigkeiten. Wir helfen bei der Planung: die wichtigsten Adressen der Motive aus unserem Bildessay

ERLEBEN

Petersdom

Auf dem Balkon werden Päpste proklamiert, von der Kuppel hat man eine hervorragende Aussicht, und drinnen bleibt sowieso nur Staunen – zum Beispiel in der Kapelle des Heiligen Sebastian. Dort ist, unter dem Altar, seit seiner Seligsprechung im Jahr 2011 Papst Johannes Paul II. beigesetzt. Tipp: Kommen Sie frühmorgens oder am späten Nachmittag, um nicht stundenlang anzustehen.
6 *Piazza San Pietro, Tel. 06-69 88 37 31, www.tinyurl.com/petersdom*

Engelsbrücke

Als Kaiser Hadrian sein Mausoleum in Auftrag gab, fehlte eine Verbindung zur anderen Tiberseite. Also ließ er im Jahr 133 nach Christus die angeblich schönste Brücke der Antike bauen: Pons Aelius. Heute heißt sie Engelsbrücke, Ponte Sant'Angelo – aber nicht wegen der zehn Barockengel von Gian Lorenzo Bernini auf dem Gelände. Nein, der Weg ist entscheidend: Hadrians Mausoleum ist inzwischen als Engelsburg bekannt, einstige Festung der Päpste.
7 *Ponte Sant'Angelo*

Piazza Navona

In der Mitte befindet sich der Vierströmebrunnen, im Süden der Mohren- und im Norden der Neptunbrunnen, dazu der Palazzo Braschi mit dem Museo di Roma und weitere Prunkbauten. Doch das Herz der Piazza Navona ist die Kirche Sant'Agnese in Agone, die mit Kuppel und zwei Türmen über den Platz ragt, der wie kein anderer das barocke Rom repräsentiert. Bestens zum Flanieren geeignet.
8 *Piazza Navona*

Spanische Treppe

Sie ist eine der größten Freitreppen der Welt, überwindet einen Höhenunterschied von 23 und eine Länge von 68 Metern. 136 ihrer Stufen müssen Sie meistern, um zur Kirche Trinità dei Monti zu gelangen. Rechnen Sie mit Hindernissen: Die Spanische Treppe ist eines der beliebtesten Ziele von Rom-Reisenden. 2016 wurde sie – von den Spuren zahlloser Bewunderer über die Jahre verschmutzt – restauriert.
9 *Piazza di Spagna*

Trevi-Brunnen

In Federico Fellinis »La Dolce Vita« von 1960 badeten zwei Verliebte im Becken – von da an war der Brunnen Ziel hoffnungsloser Romantiker. Sechs Jahre zuvor lief bereits der amerikanische Streifen »Drei Münzen im Brunnen« in den Kinos – fortan ließ es kein Glücksuchender aus, einen Groschen in die Fontana di Trevi zu werfen. Um zu beeindrucken, würden aber auch die bloßen Fakten genügen: 26 Meter hoch, 50 Meter breit, mit einem Antlitz aus Palastfassade, Triumphbogen und Felslandschaft, geschaffen aus Travertin aus Tivoli und Marmor aus Carrara.
10 *Piazza dei Trevi*

Kolosseum

Man muss nur seine Umrisse zeichnen, und schon wissen die meisten: Dieses Bauwerk steht in Rom. Seit 80 nach Christus ist das Kolosseum das größte je gebaute Amphitheater der Welt. Es wird geschätzt, dass rund 50 000 Zuschauer darin die Gladiatorenkämpfe sehen konnten.
11 *Piazza del Colosseo 1*

Forum Romanum

Zentrum des antiken Rom: Auf dem Forum Romanum wurden Geschäfte abgeschlossen, Gesetze ausgehandelt, Götter geehrt. Auf der Senke zwischen den Stadthügeln Kapitol, Palatin und Esquilin trotzen heute die Überreste des Reiches dem Zerfall. Unter anderem der Umbilicus Urbis – ein kleiner Tempel, der als Nabel des Imperium Romanum galt.
12 *Largo della Salara Vecchia 5/6*

ESSEN & TRINKEN

Aristocampo Trastevere

Auf der westlichen Tiberseite wandeln Sie durch mit Kopfstein gepflasterte Gassen und stoßen auf die »Trattoria Aristocampo Trastevere«. Nicht die beste römische Küche, doch an den Tischchen tanken die Gäste italienisches Lebensgefühl.
13 *Via della Lungaretta 75, Tel. 06-58 33 55 30, www.aristocampotrastevere.com*

TEXT: MARGITTA SCHULZE LOHOFF

Alta Moda

Zweimal im Jahr dreht sich in Mailand alles um Schnitte, Stoffe und Farben, um Shows, Schönheit und Shootingstars: Rund 300 Designer und Labels präsentieren ihre neuen Modekollektionen – und verwandeln die Stadt in einen Laufsteg

TEXT **Dirk van Versendaal**

Fash

ion...

Der Gucci-Kreativchef Alessandro Michele vergleicht sich mit einem Chirurgen, der schneidet, näht, neu zusammensetzt – und so tragen seine Models nicht nur den Gucci-typischen Stilmix, sondern auch ihren Kopf unterm Arm

DG
VINCIT AMOR
VINCIT AMOR

Abgehoben: Dolce & Gabbana stehen für Opulenz und prachtvolle Details (l.). Zur Eröffnung ihrer Show schwebten Handtaschen an Drohnen über den Laufsteg

... made in Milano

Die Designerin Stella Jean verwendet Elemente aus Sport und Folklore. Die Startnummer 733 gehörte 1936 dem legendären schwarzen Leichtathleten Jesse Owens

ES WAR NICHT ALLES VORNEHM und elegant »alla milanese«, was die Designer sich für ihre Kollektionsschauen ausgedacht hatten. Bei Dolce & Gabbana flogen die Handtaschen in den Fängen spinnenförmiger Drohnen den Laufsteg ab, Tod's castete Hundewelpen für die Schau, bei Marni wurden die Gäste auf Bergen aus Zeitungsstapeln, alten Fernsehgeräten und Matratzen platziert, Gucci lud in einen nachgebauten OP-Saal, durch den Models wächserne Nachbildungen ihrer eigenen Köpfe spazieren führten.

Bei der Fashion Week im Februar 2018 warfen die Designer mit verrückten Ideen um sich, es gab fantastische Inszenierungen zu sehen – die Modestadt Mailand hat die Laufstegschau als Unterhaltungsspektakel neu entdeckt, nach Jahren der Lethargie sind ihre Lebensgeister wieder erwacht.

Die fieberhafte Suche nach Wegen in die Zukunft ist überall spürbar in den sechs Tagen der »Milano Moda Donna«: blockierte Kreuzungen, verstopfte Zubringer, belegte Taxis, Shoppinghysterie im Quadrilatero d'Oro, dem Goldenen Viertel der Luxusboutiquen, genau so soll es ja sein: Mailand ist gern eine hektische Stadt. Zum Auftakt der Modewoche war man voller Vorfreude. »Wir wollen die Mode feiern!«, rief Carlo Capasa, Präsident der italienischen Modekammer im Festsaal des Palazzo Reale aus. Schon zuvor hatte der sonst sehr spröde bis strenge Bürgermeister Giuseppe Sala Lob gefunden: »Ich bin sehr zufrieden mit dem Beitrag, den die Mode für ein lebendiges Mailand leistet.«

Und zwar an den prächtigsten Orten: mitten im Sempione-Park auf einem Freilichtlaufsteg, auf der Baustelle des Lirico-Theaters, in den Säulengängen des Palazzo Archinto; Designer luden in den Garten

Das Luxuslabel MSGM setzt auf knallige Farben und große Muster (u.). Bei Marni sitzt das Publikum zwischen alten Fernsehern (r.). Dolce & Gabbana lassen ein Model in Rot und Gold glänzen (r. u.)

des Palazzo Crespi und in den PAC, einen Tempel zeitgenössischer Kunst – so viel an Grandezza kriegen sie nicht mal in Paris hin.

Mailand erblüht zweimal im Jahr, nämlich Ende Februar und Ende September, wenn an die 300 Designer und Firmen ihre Produkte für die Damenmode ausstellen – sechs intensive Tage lang, die 18 000 Unternehmen Millionenumsätze bescheren und rund 140 000 Menschen Arbeit geben. Nicht nur die weitverzweigte Lokalszene mit ihren Designern, Fotografen, Werbeleuten, Bloggern, Models und deren Agenturen legen Sonderschichten ein, sondern auch Floristen, Barkeeper und Hotelköche, Lichtdesigner und Soundtechniker, Kalligrafen, die nächtelang die Einladungskarten für die Schauen schreiben, Paketboten auf Motorrollern, Chauffeure, Taxifahrer, sie alle sind im Dauerstress. Die Warteschlangen vor dem Mailänder Dom und jene vor der Kollektionsschau von Stella Jean verknoten sich derart miteinander, dass es zwei stimmgewaltige Hünen von der Polizia Stradale braucht, sie zu entflechten.

STELLA JEAN GILT ALS NEUER STAR der italienischen Modewelt. Sie zeigt ihre Entwürfe im Palazzo dell'Arengario, gleich an der Piazza del Duomo – eine Kollektion, die von den elften Olympischen Spielen in Berlin 1936 inspiriert ist, von der Freundschaft zwischen dem deutschen Leichtathleten Carl Ludwig »Luz« Long und dem vierfachen amerikanischen Olympiasieger Jesse Owens. Die Kollektion wird von farbkräftigen Stickereien und Druckmotiven dominiert, ist mit Bikerblousons und sportlichen Elementen durchsetzt. Multikulti, Moderne und exotische Referenzen auf den Grundfesten der *sartoria italiana*, der italienischen Schneiderkunst, genau dies wird in der Mode derzeit begeistert aufgenommen.

Giorgio Armani kam 2013 auf die Idee, Stella Jean sein Teatro Armani, die ehemalige Nestlé-Fabrik, entkernt und neu gestaltet vom japanischen Stararchitekten Tadao Ando, für die Show zur Verfügung zu stellen. Damit verhalf er ihr zum Durchbruch. »Ich konnte es nicht fassen – ein Gigant hatte mich angerufen«, beschreibt Stella Maria Novarino, so Stella Jeans echter Name, den ersten Kontakt mit Armani. Anschließend musste sie »innerhalb kürzester Zeit eine Struktur für die Herstellung schaffen, einen Showroom anmieten, ein Kommunikationsteam aufbauen, den ganzen Zirkus – das funktioniert auf die Schnelle nur in Mailand.« Die zweifache Mutter spricht gestenreich und schnörkellos, ihr römischer Akzent ist unüberhörbar.

Stella Novarino, Jahrgang 1979, ist die Tochter eines Juweliers aus Turin, der gern Maßanzüge trug, die *bella figura* bedeutete ihm alles. Ihre Mutter war die Nichte des damaligen haitianischen Botschafters in Rom. Dort wuchs Novarino in den Achtzigern auf, multikulti und mit sämtlichen Vor- und Nachteilen eines karibisch-kreolischen Erbes. »Ich war zwar Italienerin, aber die einzige mit dunkler Hautfarbe, und deshalb war ich für die anderen eine Ausländerin. Es war da immer etwas, was mich außen vor ließ – manchmal nur ein Blick.« Auf gewisse Weise inspiriere sie das bis heute, und Mode zu entwerfen sei für sie »wie eine Suche nach den Wurzeln«. Dabei scheint sie Mailand mit genau jenem aufregenden und weltläufigen Charme auszurüsten, den die Stadt im Wettkampf um die kreative Vormacht braucht.

Während in Paris junge Designer den altehrwürdigen Namen frischen Wind einhauchen, dümpeln so einige italienische Traditionsmarken vor sich hin. Seit Stefano Gabbana und Domenico Dolce im Herbst 1985 in einer Garage am Mailänder Corso Monforte vollbusige Frauengestalten in Schwarz über den Laufsteg schickten und mit ihrer mediterranen Bilderwelt Berühmtheit erlangten, schaffte kein italienisches Jungtalent mehr den Durchbruch zu Weltruhm. Während sich Mailand, Börsen- und Bankencity und Stadt der Weltausstellung Expo 2015, rasant wie keine andere in Italien veränderte, stagnierte ihre Modeszene in der Entwicklung – ein bisschen ging es zu wie in einer Galerie, in der zu lange immer nur dieselben Bilder hängen. Wie sollte es auch anders sein: Giorgio Armani ist 84 Jahre alt, sogar Dolce und Gabbana, →

Klare Linien, fließende Stoffe:
Der Designer Gabriele Colangelo
setzt eher auf kunstvoll
ausgeführtes Handwerk als
auf den großen Effekt

»i ragazzi« – die Jungen –, wie sie immer noch genannt werden, haben die 50 längst überschritten und zeigen nimmermüde ein Best-of ihrer frühen Erfolge.

Zu den frischen, aufregenden Exponaten in der Modegalerie zählt Gabriele Colangelo. Ein *figlio d'arte*, wie er selbst sagt, das Kind einer Familie von Kürschnern: Colangelo Milano fertigt seit 1971 feinste Pelze für die ganz Großen der Branche.

COLANGELO, JAHRGANG 1975, wuchs in Sesto San Giovanni auf, einem Vorort im Nordwesten Mailands. Eigentlich hatte er Griechisch- und Lateinprofessor werden wollen, sein Arbeitsleben dann aber als Modezeichner begonnen. Als solcher entwarf er die Unterwäsche für das Label Versace Jeans – und nach sagenhaften 80 000 verkauften Kollektionsteilen durfte er zur Belohnung in der Folgesaison für die Jeans-Linie arbeiten. Seine erste eigene Kleiderkollektion im September 2008 wurde aus der Familienkasse finanziert. Seither gilt Gabriele Colangelo wegen seiner Handarbeit, der wertvollen Stoffe und der klaren, ausgefeilten Schnitte als ein Hoffnungsträger des »Made in Italy« und als geistiger Erbe des 2007 verstorbenen Gianfranco Ferré, des »Architekten der Mode«.

Das Studium der antiken Literatur habe seine »Art zu Denken und zu Entwerfen bestimmt«, erzählt Colangelo und spricht dabei wie ein Lehrer, der unbedingt möchte, dass man ihn versteht. »Die Arbeit, einen altgriechischen Text in eine moderne Sprache zu übersetzen, ist jener nicht so unähnlich, eine moderne Kollektion zu schaffen, die eine präzise Nachricht übermitteln muss.« Ihn fasziniere an der Mode vor allem »der kulturelle Zusammenhalt, den 20 banale Outfits haben können.« Seine aktuelle Kollektion ist ein geometrisches Spiel mit Karos, Winkeln und Diagonalen.

Im stillen Kämmerlein träume er vielleicht manchmal vom Weltruhm, sagt er. »Doch ich bin Realist, der Markt ist besetzt mit riesigen Namen. Früher oder später muss sich aber etwas ändern, zwangsläufig.« Mit den Heldengeschichten vom »Wunder von Mailand« ist er groß geworden. Er kennt sie aus den Geschichten seiner Eltern, die jung aus den Abruzzen und Apulien in den Norden gezogen waren und zu Zeitzeugen des sagenhaften Aufstiegs Mailands zur Modemetropole wurden, der nur wenig von einem Märchen hatte und viel von einem Feldzug: Als im März 1979 die Schauen erstmals in den weißen Sälen der Messe über die Bühne gingen, waren in den Salons der römischen Aristokratie und in den Verwaltungsräten der großen Fabriken im Norden des Landes längst die Strukturen für den Boom der italienischen *pronto moda* aufgebaut worden, der zur Industrie gewordenen Mode.

Italien hatte in den Siebzigern keinen Yves Saint Laurent und keine Haute Couture, dafür aber eine Textilindustrie von Weltformat und ambitiöse Stofffabrikanten. Großunternehmen wie Marzotto oder der Gruppo Finanziario Tessile (GFT) unterstützten die aufstrebenden *stilisti*, um das Trading-up zu wagen und ihre Produkte durch die Aufwertung zu Lifestyle-Produkten auch zu Weltklassepreisen verkaufen zu können. Jungtalente wurden gefördert, Kollektionsschauen finanziert, Armanis frühe Werbekampagnen vom GFT gezahlt. »Re Giorgio«, der König der Mailänder Mode, weiß vom Glück der frühen Geburt: »Wir konnten als Erste von den Möglichkeiten profitieren, die sich aus der Zusammenarbeit zwischen Design und Industrie ergaben.«

Gucci präsentiert sich mit bunten Cyborgs, Aliens und Hippiemädchen (o). Carlo Capasa (u.), Präsident der Modekammer, kommt ganz in Schwarz und prophezeit Mailands Fashionbranche eine glänzende Zukunft

Die Produktionskette im Hinterland, die nahe liegenden Seiden- und Garnfabriken in Como, das Stoffzentrum Biella, die Strickstädte Carpi und Treviso – sie machten Mailand zum natürlichen Zentrum für die Vermarktung und lockten nun auch die Kreativkräfte aus Rom und dem Süden herbei.

Jahrzehnte später, 2009, zog es auch Massimo Giorgetti von Rimini aus in »die eigentliche Hauptstadt des Landes«, wie der Schriftsteller Indro Montanelli Mailand einst nannte. Giorgetti, Jahrgang 1977, betrat die italienische Modebühne, als er 2008 sein Label MSGM gründete. Jenseits der Grenzen kennt man seinen Namen, seit er 2015 zum Chefdesigner bei Pucci berufen wurde – zwei Jahre später jedoch wieder ging, um sich ausschließlich der eigenen Modelinie zu widmen.

Seine Kollektion für den Sommer 2018 nannte er einen »elektronischen Liebesbrief an Mailand«. An der Piazza San Fedele präsentierte er massive Farbblöcke, glänzende Oberflächen und technische Materialien – ein gewollt erratisches Potpourri, eine Hommage an die Absturzkneipen und angesagten Treffs seiner Wahlheimat, an die Welt der Fußballfans und die Sportswear-Kleidung, schließlich auch an den Mailänder Dichter Alessandro Manzoni.

Giorgetti spricht mit dem weichen Akzent der Bewohner der Romagna und tritt auf wie der ewig Junggebliebene, wie der *eterno ragazzo*. Allerdings stehe er mit beiden Füßen auf der Erde, sagt der 40-Jährige. »Ich gehe mit offenen Augen durchs Leben, denn wer Mode macht, darf niemals den Kontakt zu den Leuten verlieren, er muss wissen, wovon die Menschen träumen.«

Den Kontakt mit der »magischen Welt der Mode« verschafften ihm seine Onkel, die in der Emilia-Romagna eine Stickerei betrieben, in einer der kreativsten Regionen des textilen »Made in Italy«. Er jobbte als Verkäufer in den Boutiquen von Riccione und als beratender Designer regionaler Modefirmen, bis er 2008 sein Label MSGM gründete und im Jahr darauf nach Mailand zog. »Ich habe eine Weile gebraucht, bis ich mich mit der Stadt angefreundet habe«, erzählt er kurz vor seiner Schau. Auch mit der hiesigen Modeszene: »Ich war für alle bloß der Junge mit den Sweatshirts.« Als seine sportiven Entwürfe sich in 200 Läden verkauften, sei man mit offenen Armen auf ihn zugestürmt. »Heute liebe ich Mailand!«

NACH TAGEN unter azurblauem wolkenlosen Himmel versammeln sich am Freitagabend der Kollektionsschauen die *gente della notte*, die Nachtschwärmer Mailands, denn das Label Misbhv stellt seine Looks mitten im Viertel Navigli vor, fernab des Fashion-Establishments. Bei fast sommerlichen Temperaturen tobt das Leben, kein freier Platz ist an den Tischen der zahllosen Bars zu finden. Schauplatz der Präsentation ist ein Gebäude in der Via Paoli. Es beherbergte bis 1916 ein Stummfilmkino, später dann eine Korkenfabrik, nun verkauft hier das trendsetzende Geschäft Antonioli Designermode.

Wer hier und jetzt mit weißem Hemd, Anzug und Krawatte auftaucht, wird misstrauisch bis herablassend beäugt – das Publikum trägt schwarz und Kapuzenjacke zu Sneakers und feiert den Streetwear-Trend, feiert die Mode von der Straße für die Straße, die den Luxusmarkt seit zwei, drei Saisons ergriffen hat. Auch Carlo Capasa, Präsident der Modekammer, schaut vorbei, um einen selbstbewussten Blick auf die Zukunft der Branche und Mailands zu werfen. »Das hier ist Energie pur. Ich glaube, wir sind wieder das Zentrum der Mode.« ◐

Shoppen & gucken

Wer Mailands hohe Schneiderkunst erleben will, der kann, muss aber nicht unbedingt, während der Fashion Week in der Stadt sein. Im Quadrilatero d'Oro, dem »goldenen Viereck« nordöstlich des Domplatzes, kann man entspannt durch die Boutiquen und Flagshipstores namhafter Designer flanieren – und einkaufen. Noch mehr Mode erleben? Dann folgen Sie diesen vier Tipps

Fashion Week

Die »Milano Moda Donna«, die Frauenmodewochen, finden jedes Jahr in der letzten Februar- und der letzten Septemberwoche statt. Wer kein Einkäufer oder Fachjournalist ist, für den stehen die Chancen schlecht, hineinzugelangen. Modefans können die Shows jedoch auf der Piazza San Babila und der Piazza Gae Aulenti verfolgen. Seit einigen Saisons werden sie hier (und anderswo) auf Maxibildschirmen live übertragen – Public Viewing ohne Fanschal, stattdessen zwischen gut gekleideten Menschen.

14 *Piazza San Babila*
15 *Piazza Gae Aulenti, www.milanomodadonna.it*

10 Corso Como

Gartencafé (mit vielen vorwitzigen Spatzen), Restaurant und Hipster-Bar in einem, außerdem sorgfältig kuratierte Buchhandlung, Galerie und Luxusboutique: Seit 20 Jahren zieht der Conceptstore »10 Corso Como« nicht nur modeinteressiertes Publikum in das Gebiet um den Corso Garibaldi.

16 17 *Corso Como 10, Tel. 02-29 00 26 74, www.10corsocomo.com*

Six

Hier bestätigt sich eine alte Wahrheit über Mailand: Die Schönheit der Stadt versteckt sich im Inneren ihrer Palazzi, ihre Kreativität hinter steinernen Fassaden. Im 16. Jahrhundert war das Gebäude ein Kloster, heute beherbergt das »Six« eine Galerie und einen Conceptstore, ein Blumengeschäft und ein Restaurant, das »Sixième Bistro«. Es liegt nördlich des angesagten Viertels Navigli, nicht weit von der Porta Ticinese.

18 19 *Via Scaldasole 7, Tel. 02-36 51 99 10, www.six-gallery.com, www.sixieme-bistro.com*

Villa Necchi Campiglio

Die Villa Necchi Campiglio, ein sandfarben getünchtes Privathaus aus den 1930er-Jahren, ist seit 2008 ein Museum. Es wird vom Fondo Ambiente Italiano (FAI) verwaltet und während der Modeschauen von Designern für Partys und Präsentationen angemietet. Luca Guadagnino drehte auf dem Anwesen einen Film, der 2009 in den Kinos lief: »Io sono l'amore« (»I Am Love«) mit Tilda Swinton. Eine gute Wahl: Die Villa schwelgt in prachtvoller Mailänder Eleganz. Zum Anwesen gehört ein Café im Garten.

20 21 *Via Mozart 14, Tel. 02-76 34 01 21, www.tinyurl.com/villa-necchi-campiglio*

Der Gastrokritiker Leonardo Romanelli (l.) ist ein Freund der »Casa del Vino«, in der die Familie Migliorini köstliche Kleinigkeiten wie Makrele und Artischocken in Öl (r.) zum Wein serviert

Einfach (&) exzellent

TEXT **Marten Rolff** FOTOS **Guido Cozzi**

Es gibt sie noch, die authentisch toskanische Küche: ebenso schlicht wie köstlich, ebenso traditionell wie aufgeschlossen für Neues. Keiner weiß das besser als Restaurantkritiker Leonardo Romanelli, der mit Stolz durch sein kulinarisches Florenz führt

Empfehlenswerte Aussicht: Von der Bar »La Terrazza« blickt man auf den Arno und den Ponte Santa Trinita, das Renaissancewerk gilt als eine der schönstes Brücken Italiens

Wie findet man in Florenz heute eine dieser wunderbaren, bezahlbaren Trattorien mit authentischer Küche, die doch immer Markenzeichen der Stadt waren? Diese Frage hört Leonardo Romanelli häufig. Der bekannteste Restaurantkritiker der Toskana lächelt dann und sagt: Wer hier gut essen wolle, müsse nur das tun, worauf sich die Florentiner schon immer verstanden hätten – »sich ganz von seinem Geschmack leiten lassen«.

Leonardo Romanelli sitzt im »Da Burde«, einer Trattoria am westlichen Stadtrand, die zu seinen Lieblingsadressen zählt und die er als Start für eine kulinarische Tour durch Florenz gewählt hat. Der 54-jährige Gastroautor und -kritiker, der unter anderem für den Restaurantführer »Osterie d'Italia«, die Zeitung »La Repubblica« und den »Guide de L'Espresso« geschrieben und mehr als 20 Bücher verfasst hat, gehört zu den leidenschaftlichsten Botschaftern der toskanischen Küche.

Doch bevor es losgeht, führt Romanelli noch aus, was er damit meint – »sich von seinem Geschmack leiten lassen«. Er legt die schmalen Hände auf den Tisch und schließt konzentriert die Augen. Jeder Mensch, jeder Ort, jede Region habe eine kulinarische DNA, sagt er. Eine Prägung, einen Kern, auf den es ankomme: »Für mich ist es Ragù.« Romanellis Eltern hatten eine Metzgerei in Florenz, in der Küche zu Hause wurde großer Wert auf beste Zutaten und frische Zubereitung gelegt. Schon um sechs Uhr morgens setzte seine Mutter die Fleischsoße auf. Zu seinen frühesten Erinnerungen gehört der Duft, der das Haus durchzog, wenn er aufwachte. Von Zwiebeln, Karotten und Staudensellerie in Olivenöl, von Fleisch, das über Stunden in Rotweinbrühe köchelte. »Natürlich ist das nur ein Beispiel«, sagt Romanelli. »Aber daher kommt meine Passion für gutes Essen.«

Wenn Florentiner von guter Küche sprechen, dann meinen sie damit fast nie »raffiniert«, im Gegenteil. Viele Rezepte sind verblüffend schlicht, aber keinesfalls anspruchslos. Bereits vor 650 Jahren beschrieb Giovanni Boccaccio in seiner Novellensammlung »Decamerone«, wie manche Bürger in Florenz versuchten, sich durch den maßvollen Genuss besonders guter Speisen vor der Pest zu schützen. Schon damals waren mit »gut« die einfachen, aber exzellenten Produkte gemeint, die *materia prima*, die von jeher das Fundament der →

Im »Da Burde« kommt ein Klassiker auf den Teller: Zuppa di farro, Dinkelsuppe

Die echte Bistecca alla fiorentina wird über Holzkohle gegrillt, so auch in der traditionsreichen Trattoria »Da Burde«

1

2

(1) Die »Casa del Vino« ist seit Jahrzehnten im Besitz der Familie von Gianni Migliorini. (2) Gut geschmort: Peposo, gepfeffertes Rindfleisch, im »Da Burde«

3

4

(3) Vor dem Mercato Centrale gibt's Souvenirs, drinnen bieten Händler Frisches aus der Region. (4) Leonardo Romanelli fachsimpelt mit Giulio Picchi. Seiner Familie gehört das »Cibrèo«

toskanischen Küche bildeten. Das scharfe Öl der Frantoio-Olive oder das schon Anfang des 14. Jahrhunderts von Dante in seiner »Göttlichen Komödie« erwähnte salzlose Weißbrot mit seiner elastischen Krume und der harten Kruste, milde Certaldo-Zwiebeln, weiße Bohnen, aromatische Tomaten, Innereien und Wild. Produkte, die den Erfolg von Gerichten wie Pappa al pomodoro (Tomaten-Brot-Eintopf) oder dem Schwarzkohleintopf Ribollita begründeten.

IN DER TRATTORIA »DA BURDE«, die seit mehr als 100 Jahren von der Familie Gori geführt wird, machen sie fast alles genau so, wie es immer gemacht wurde. Die Bistecca alla fiorentina wird noch auf Holzkohle gegrillt, was in vielen Lokalen im Zentrum aus Brandschutzgründen nicht mehr erlaubt ist. Geöffnet ist nur mittags (Freitagabend ausgenommen), nur wenige Touristen kommen in das unscheinbare Lokal, das an einer Ausfallstraße liegt. Trotzdem füllen sich die etwa 100 Plätze an den rustikalen Holztischen verlässlich, vor allem mit Einheimischen. »Da Burde« ist bekannt für Suppen und Eintöpfe, schlichte, aber fein abgeschmeckte Gerichte wie Minestra di farro e fagioli, Dinkelsuppe mit Bohnen – Gerichte, die Leonardo Romanelli mit zärtlicher Stimme die »Seele der toskanischen Küche« nennt.

Erstaunlicherweise ist es die konsequente Bodenhaftung, die »Da Burde« heute wieder modern macht. Geführt wird das Lokal von Paolo Gori, der eigentlich Politologe ist und sich nach der Uni als Autodidakt an den Herd seiner Eltern stellte. Es habe sich ganz natürlich angefühlt, sagt Gori, »schließlich sind schon mein Vater und meine Großmutter in der Wohnung über der Küche geboren.« Gori durchstöbert Archive und Bücher nach alten Rezepten, wie gefüllte Schweineleber, und legt sie neu auf. Er sucht nach Produzenten, die traditionell arbeiten und zum Beispiel Pasta aus alten Weizensorten herstellen. So gesehen, koche er sogar traditioneller als seine Großmutter, sagt er, deren Generation sei es ja gewohnt gewesen, in ein Supermarktregal zu greifen, ohne die Ware groß zu hinterfragen. Leonardo Romanelli hält den Ansatz der Goris für einen Weg, um die bodenständige Florentiner Küche in die Moderne zu retten. Schließlich seien »viele Rezepte dieser Küche so einfach, dass man sie nur bedingt verändern kann, sonst verliert sie ihren Charakter«.

Der kulinarische Streifzug geht im Zentrum weiter, Romanelli rumpelt auf seinem Fahrrad über das unbarmherzige Kopfsteinpflaster der Altstadt Richtung Mercato Centrale. Der Hauptmarkt galt schon immer als Bauch der Stadt. Es gibt hier Chinalokale und Sushibars, aber auch Qualitätstrattorien, die bei Florentinern und Touristen gleichermaßen beliebt sind. Die »Trattoria Mario« zum Beispiel, vor der sich draußen schon vor der Öffnung Schlangen bilden und drinnen seit Jahrzehnten nichts verändert wurde. Oder »Sergio Gozzi«, wo sie das beste Peposo (Pfefferfleisch) der Stadt servieren und Fotos an der Wand an alle verstorbenen Stammgäste des Lokals erinnern. Oder auch die »Casa del Vino«, die Räucherhering oder Stockfisch mit Kichererbsen zum Vermentino serviert – *stuzzichini*, köstliche Kleinigkeiten, die zeigen, dass auch eingelegter Fisch zur Florentiner Küche gehört.

»Wo die Familie intakt ist und Kinder ein Restaurant übernehmen, hält sich auch die Tradition«, sagt Romanelli. Gelassen navigiert der Restaurantkritiker sein Fahrrad durch die Menschenmenge am Mercato Centrale, dabei redet er so schnell, dass seine Worte in weichem Florentinisch sanft ineinandergleiten. Romanelli kommt nur langsam voran, weil er oft gegrüßt wird und kurz für ein Schwätzchen stehen bleibt, er ist ziemlich bekannt, nicht erst, seit er in Kochsendungen im Fernsehen auftritt.

Seit gut 40 Jahren erlebt Romanelli jede Veränderung in Florenz. Als er mit 14 auf die Hotelfachschule ging, erste Erfahrungen als Koch und später als Sommelier sammelte, gab es noch Dutzende *trippai* in Florenz. Die Kuttelverkäufer bieten den einst beliebtesten Imbiss der Stadt an: nussigen Lampredotto – Labmagen vom Rind, der in Brühe gegart und in saftigen Fetzen zwischen zwei Brötchenhälften gequetscht wird. Heute sind nur vier echte *trippai* übrig, aber Beatrice Trambrusti, deren Stand vor dem Mercato Centrale als Institution gilt, glaubt, dass ihr Gericht eine Zukunft hat. »Einige Junge sind für Innereien wieder aufgeschlossener als ihre Eltern«, sagt Trambrusti, die streikt, wenn jemand Mayonnaise auf das Sandwich haben will. »Nicht bei mir. Niemals!«

DIE SO REGELTREUE FLORENTINER KÜCHE war tatsächlich für Veränderungen immer auch aufgeschlossen. Nach der Entdeckung Amerikas soll Florenz als eine der ersten Städte Europas die Produkte von dort angenommen haben, man integrierte Paprika, Kartoffeln, Bohnen und Schokolade in den Speiseplan, später auch Tomaten – eine Revolution, durch die sich vor allem der Charakter der Broteintöpfe wandelte. Doch nie dürften die Veränderungen radikaler gewesen sein als in den vergangenen Jahrzehnten, wie man vor allem im renovierten Mercato Centrale sehen kann. Im Erdgeschoss der Gründerzeithalle verweisen Metzgereien und ein Ableger der Trattoria »Nerbone« auf die alte Zeit, im Obergeschoss herrscht Partystimmung wie auf einem Streetfood-Festival, geöffnet ist bis Mitternacht. An den Ständen zwischen den gusseisernen Säulen gibt es Chianina-Burger, gefüllte Pizza und Ravioli cinesi, kleine Teigtaschen. Auch Traditionen werden wiederbelebt. Die des Girarrosto zum Beispiel – ein Grillspieß aus Brot und in Kräutern mariniertem Fleisch. →

»Vor fünf Jahren war die Gegend hier fast tot«, sagt Romanelli, »nun hat die Renovierung des alten Marktes das Viertel ungemein aufgewertet.«

Im Ausgehviertel San Frediano auf der Südseite des Arno, das Romanelli als Nächstes ansteuert, finden sich Osterien, die Lampredotto-Sushi anbieten, Sushi mit gekochtem Labmagen. Vegetarische Lokale, wo zur Focaccia Schwarzkohlsuppe und Hummus gereicht werden. Die Gourmetszene sei vor allem durch die Kaufkraft der Besucher in Florenz gewachsen, erklärt Leonardo Romanelli, das gilt für Spitzenküche und Slow-Food-Bewegung gleichermaßen. Auch der Kult ums Produkt wird weiter vorangetrieben. Das Öl aus den Hügeln vor Florenz gehört zu den besten der Welt. Zudem haben auch die Weinbars ihre Küche erweitert und verfeinert. In der »Enoteca Fiorentina« kommen schwarze Tagliatelle mit Langusten, Angus Beef mit Wasabi, apulische Burrata oder französischer Käse auf den Tisch. Das Lokal hat sich auf Naturweine spezialisiert, das zieht junge Florentiner an und »hält amerikanische und chinesische Etikettentrinker draußen«, wie ein Gast an der Bar zufrieden erzählt. Durch solche Innovationen ist aus der einst so homogenen Florentiner Mittelklasseküche ein buntes Nebeneinander geworden. »Die Zahl der guten Lokale ist ebenso gestiegen wie die der schlechten«, sagt Romanelli.

EINER DER GRÖSSTEN MODERNISIERER ist der Unternehmer Fabio Picchi. Zu seinem Mini-Imperium »Cibrèo« nahe Santa Croce gehören eine klassische Trattoria, ein Ristorante und ein Theater mit Showküche (Picchi ist mit einer Schauspielerin verheiratet), ein Art-déco-Café und ein Biosupermarkt. Picchis Küche ist bekannt für gute, regionale Zutaten, aber auch für das Tamtam, das ein breites Publikum anzieht. Seine Köche hauen gern orientalische Gewürze in ein traditionelles Pastagericht und verschieben die Grenzen immer weiter. Die neueste Lokaleröffnung Picchis heißt »Giblèo« und ist japanisch inspiriert.

»Zu Fabio Picchis Küche gibt es in der Stadt nur zwei Meinungen: Entweder man liebt sie, oder man hasst sie«, stellt Leonardo Romanelli abschließend fest. Es schwingt mit, dass er beides für übertrieben hält. Fest stehe jedenfalls, und nun ist er wieder ganz kulinarischer Botschafter seiner Stadt, dass man es mit der Moderne weder übertreiben sollte, noch dass man sich ihr verschließen könne.

Bevor der Restaurantkritiker auf sein Rad steigt und in die laue Nacht von Santa Croce entschwindet, eine letzte Frage: Hat es ihn selbst nie gereizt, ein Restaurant zu eröffnen? Warum ist er nicht Koch, sondern Autor, Dozent und Kritiker geworden? »Weil ich schnell wusste, dass ich dafür nicht geschaffen bin«, antwortet er. »Ich bin ein Vermittler, ich gebe weiter und bringe Menschen zusammen«. ◐

1

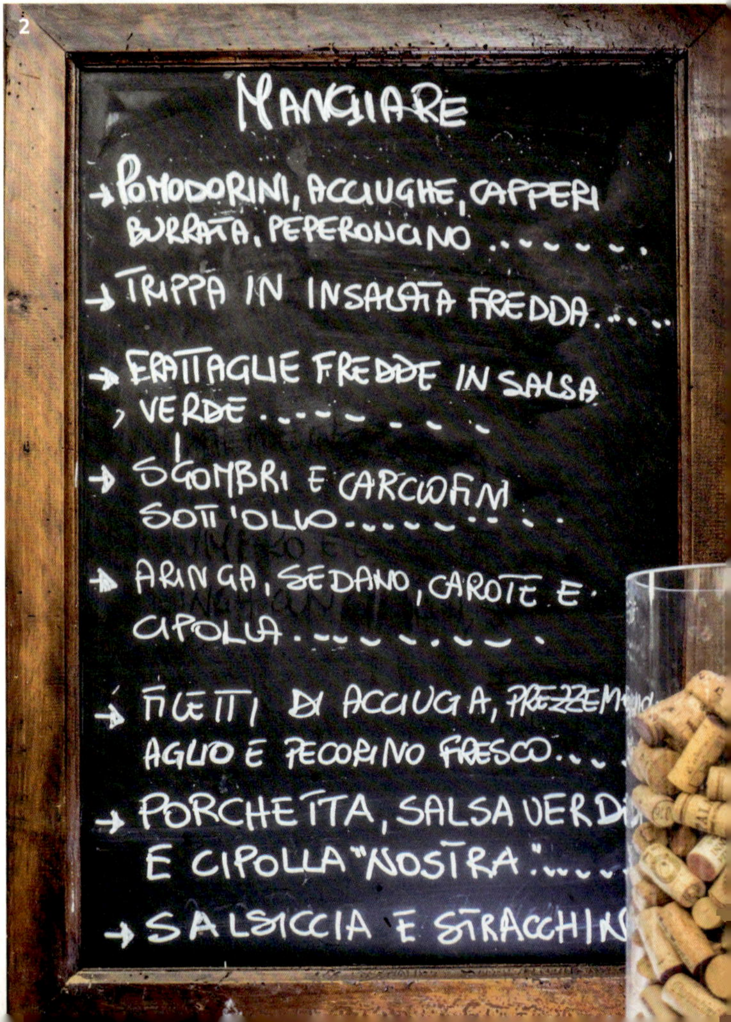

2

(1) Romeo Colzi führt das »Mario«, eine der bekanntesten Trattorien der Stadt. (2) Die Tafel im »Casa del Vino« preist Makrelen, Spanferkel oder Kutteln an. (3) Nach dem Essen bietet sich ein Spaziergang zur Kathedrale Santa Maria del Fiore an – keine zehn Minuten vom Restaurant entfernt

info / KÖSTLICHES FLORENZ

Trattorien, die der Tradition treu bleiben, Weinlokale, die mehr bieten als nur einen guten Tropfen, Restaurants, die Florentiner Spezialitäten mit neuem Twist servieren: Wer in Florenz gut essen will, sollte den Tipps von Gastrokenner Leonardo Romanelli folgen

Da Burde
Für die wohl beste authentische Küche von Florenz muss man vom Zentrum knapp zehn Kilometer nach Westen fahren. Die Trattoria ist seit gut 100 Jahren in den Händen der Familie Gori. Küchenchef Paolo Gori macht kaum Zugeständnisse an die Moderne. Berühmt sind seine Eintöpfe und Suppen wie Ribollita (überbackene Gemüsesuppe) oder Minestra di farro (Dinkelsuppe).
22 *Via Pistoiese 154, Tel. 055-31 72 06, www.burde.it*

Mercato Centrale
Seit ihrer Totalrenovierung 2015 zählt die historische Markthalle wieder zu den wichtigsten kulinarischen Attraktionen der Stadt. Im Erdgeschoss finden sich Traditionsmetzger neben touristischen Delikatessläden mit gefärbter Pasta. Im Obergeschoss gibt es Stände mit Chianina-Rind-Burgern, Grillspießen, Risotto, veganen Wraps, gefüllter Sauerteigpizza, chinesisch-italienischen Fusion-Ravioli.
23 *Mercato Centrale, Via dell'Ariento, Tel. 055-239 97 98, www.mercatocentrale.it*

Trippa e Lampredotto
Am Stand von Beatrice Trambrusti am Mercato Centrale gibt es Panini mit saftigen Fetzen von Kutteln (Trippa alla fiorentina), Labmagen (Lampredotto) oder Ochsenbacke (Guancia), gegart in würziger Brühe. Dazu wählt man aus zwei Soßen: grüne mit Petersilie, Kapern, Zwiebeln und Knoblauch oder rote mit Chili.
24 *Via dell'Ariento, Ecke Via S. Antonino, Außenbereich, www.lupenemargo.it*

Cibrèo
Der Name »Cibrèo« (»Frikassee«) steht für das kleine Gastroimperium von Fabio Picchi, zu dem drei Restaurants, ein Café, ein Theater und ein Biosupermarkt gehören. Besonders beliebt ist die gemütliche Trattoria (Reservieren nicht möglich). Traditionsgerichten verpasst man hier einen kleinen Twist: Crostini kommen mal mit Mandel-Zitronen-Creme und die Ricotta mit Kurkuma und Olivenöl. Die Insalata di trippa ist mit Peperoncino angemacht, wie die Mayonnaise zum gefüllten Hühnerhals.
25 *Trattoria: Via de' Macci 122 r, www.cibreo.com*

Enoteca Pinchiorri
Lange Zeit war es ein Stachel im Fleisch der Florentiner Köche, dass ausgerechnet eine Französin, Annie Féolde, das höchstdekorierte Restaurant der Stadt betreibt. Drei Michelin-Sterne krönen das »Pinchiorri« und seine toskanisch-internationale Küche. Zu Recht!
26 *Via Ghibellina 87, Tel. 055-24 27 57, www.enotecapinchiorri.it*

Trattoria Mario
Eine der berühmtesten Trattorien der Stadt mit unscheinbarem Interieur: Hocker, Holztische mit Wachsdecken und Devotionalien der eigenen *squadra* AC Florenz. Exzellent zubereitete Klassiker wie Bistecca alla fiorentina, Ribollita oder Stockfisch in Tomatensoße.
27 *Via Rosina 2 r, Tel. 055-21 85 50, www.trattoria-mario.com*

La Ménagère
Ein stylishes Lokal für jede Tageszeit: Café, Bistro, Restaurant, Lounge und Private Dining, außerdem Cocktailbar und Club. Junges Publikum, gemischtes Angebot: Pancakes mit Ahornsirup oder *tasting menu* mit toskanischen Spezialitäten.
28 *Via dè Ginori 8 r, Tel. 055-075 06 00, www.lamenagere.it*

Trattoria BBQ
Rustikale Küche: Die Karte beschränkt sich auf Grillteller, Brot und Gemüse. »BBQ« ist die einzige zentrumsnahe Trattoria, wo die Bistecca noch über dem Holzfeuer gegrillt wird. Das Rindfleisch stammt aus Dänemark, ist aber ebenso gut wie andere Produkte hier.
29 *Piazza Torquato Tasso 9/10 r, Tel 055-512 03 76, www.trattoriabbq.com*

Sergio Gozzi
Die Trattoria führen Alessandro Gozzi und sein Bruder Andrea, bereits in vierter Generation. Es gibt keine feste Speisekarte, es herrscht freie Platzwahl, und zum Dessert werden nur Cantucci (Mandelkekse) mit Vin Santo gereicht. Das Tagesangebot besteht aus traditionellen Gerichten wie Peposo: in Rotwein, Pfeffer und Tomate gegartes Rindfleisch.
30 *Piazza S. Lorenzo 8r, Tel. 055-28 19 41*

Enoteca Fiorentina
Hier reichen die Weinregale bis unter die Holzdecke: Die Brüder Carlo und Alberto Bruni sind auf Naturweine spezialisiert – null Zusätze lautet ihr Credo. Auf der Karte stehen 40 Käsesorten, Spezialitäten aus ganz Italien und ein paar exotische Gerichte.
31 *Borgo Ognissanti 25 r, Tel. 055-388 01 77, www.enotecafiorentina.it*

Casa del Vino
Die »Casa del Vino« ist seit 100 Jahren im Besitz der Familie Migliorini. Hier isst man Panini, Crostini und *stuzzichini* – köstliche Kleinigkeiten zum Wein. Ein Schwerpunkt sind traditionelle Florentiner Kombinationen mit eingelegtem Fisch, etwa Stockfisch mit Kichererbsen, Oliven und Salsa verde oder Räucherhering mit Karotten und Zwiebeln.
32 *Via dell'Ariento 16 r, Tel. 055-21 56 09, www.casadelvino.it*

Enoteca Pitti
Früher ein Buchladen, heute eine Mini-Osteria mit Weinclub. Küchenchef Jeewa Atapattu kommt aus Sri Lanka und verpasst der hausgemachten Pasta Weltläufigkeit. Mittags gibt es vier Gänge mit Weinbegleitung für 35 Euro.
33 *Piazza Pitti 16, Tel. 055-21 27 04, www.pittigolaecantina.com*

Trattoria Cammillo
Das oft ausgebuchte Traditionshaus liegt knapp 300 Meter vom Ponte Vecchio entfernt. Die toskanisch geprägte Karte ist umfangreich, vor allem die Auswahl der Fleischgerichte (Kalbsschnitzel in sechs Varianten). Die Küche schätzt gute Produkte, wie der würzige Pecorino mit Apfelbalsam, die feine Entenleber oder die hausgemachte Pasta zeigen.
34 *Borgo S. Jacopo 57 r, Tel. 055-21 24 27*

Il Santo Bevitore
Unter der Gewölbedecke sitzt man an Holztischen, ausgeschenkt wird auch Craft Beer, die Karte macht Ausflüge in verschiedene italienische Regionen. Klassiker wie Pappa al pomodoro (Brot-Tomaten-Suppe) werden hier elegant interpretiert. Unter den *primi* findet sich Experimentelles wie Buchweizen-Gnocchi mit Zucchiniblüten und Rochenflügel.
35 *Via di Santo Spirito 64/66, Tel. 055-21 12 64, www.ilsantobevitore.com*

Cafaggi
Terrazzoboden, Furnierverschalung und plissierte Stores vor den Fenstern: Die letzte Umgestaltung dürfte mehr als 50 Jahre zurückliegen, und viele Besucher lieben genau das. Hier schaffen die Gäste nach Crostini mit Hühnerleber und der Auswahl hervorragender *salumi toscani* noch *primo*, *secondo* und *dolce*.
36 *Via Guelfa 35 r, Tel. 055-29 49 89, www.ristorantecafaggi.it*

Mit Blütenkrone: Zucchini-Flan in der »Enoteca Pitti«

(1) Das »La Ménagère« ist Café, Restaurant, Blumen- und Designladen in einem. (2) Auf den Punkt gegrillt: Bistecca mit Kräuterbouquet in der »Enoteca Pitti«

(3) Im rustikalen »Santo Bevitore« steht Klassisches wie Pasta oder Lamm auf der Karte. (4) Die Bistros und Marktstände des Mercato Centrale sind stets gut besucht

AUF DER KIP

Rom hat alles: Kunst und Kultur, Pracht und Prunk, aber auch kaputte Straßen und Berge von Müll. Dahinter steckt ein System, das zum Himmel stinkt – und das Stoff für Krimis bietet

TEXT Stefan Ulrich

Zu den Straßen, die Rom einst zum Caput Mundi, zum Zentrum der Welt machten, gehört die Via Salaria. Von den alten Sabinern bereits vor der Gründung der Stadt erbaut, verbindet sie seit gut zweieinhalb Jahrtausenden Rom mit der Küste der Adria. Legionäre marschierten auf ihr hinaus, Barbaren fielen ein, Salzhändler, Pilger und Soldaten der Päpste kamen und gingen. Im Juni 1944 machten sich die geschlagenen Nazis auf der Via Salaria aus dem Staub. Und heute? Ist die Via Salaria, die vom nördlichen Zentrum der Stadt aus nahe dem Tiber nach Norden führt, wieder ein gefährliches Pflaster. Wenn auch aus anderen Gründen.

Schwerer Regen peitscht aus dem Himmel. Im Nu sind die Schlaglöcher und Krater im Asphalt mit schlammbraunem Wasser gefüllt. Auto- und Motorini-Fahrer, die auf der Salaria hinein in die Innenstadt wollen, versuchen, im Zickzack den schlimmsten Fallgruben auszuweichen. Immer wieder rumpeln die Reifen in die Löcher, spritzt das Schmutzwasser auf, senden die Fahrer Flüche gen Himmel – und gegen die Stadtregierung auf dem Kapitol. An einem einzigen Frühjahrsabend im Jahr 2018 werden hier auf der Salaria die Reifen von 100 Autos zerfetzt. Die Tageszeitung »Corriere della Sera« schreibt am nächsten Tag: »Eine europäische Hauptstadt, die derart heruntergekommen ist, läuft Gefahr, als Politik- und Verwaltungszentrum eines modernen Landes unbrauchbar zu werden.«

Roma, Kaputt Mundi? Der desaströse Zustand vieler Straßen und Gehwege, selbst in noblen Vierteln wie Parioli nördlich der Altstadt, wäre ein Beleg dafür. Ein anderer wäre die Müllkrise. Aus den Containern, die überall an den Straßen und auf den Bürgersteigen herumstehen, quillt der Abfall.

Bestellt und nicht abgeholt: Die römische Müllabfuhr lässt den Abfall manchmal über Monate liegen

Davor liegen gärungspralle Müllsäcke neben ausrangierten Bürostühlen und Mikrowellengeräten in der Sonne. Möwen und Ratten zerzupfen Plastiktüten und machen sich über den Ausstoß der Drei-Millionen-Stadt her. Und der Tiber, den die alten Römer als Flussgott verehrten? Dient heute eher als Cloaca Maxima. Unmengen an Abwasser fließen ungeklärt hinein. Nach Hochwasser sind die Bäume am Ufer so dicht mit Plastikmüll in allen Farben behängt, dass sie aus der Ferne wie zu grell geschmückte Weihnachtsbäume wirken.

Ist der Alltag schon schlimm genug, bricht pünktlich zu Weihnachten, zu Ostern, an Streiktagen oder zu Touristen-Hochzeiten im Sommer die *emergenza rifiuti* aus, der Müllnotstand. Dann scheint die AMA – die römische Abfallentsorgungsfirma – ganz vor dem Unrat zu kapitulieren. Bar- und Restaurantbesitzer fahren den gröbsten Müll vor ihren Lokalen selbst weg; andere behelfen sich damit, die Haufen auf den Straßen anzuzünden, womit sie allerlei Gifte freisetzen.

»Es ist ein Drama«, sagt Roberto Scacchi, Präsident der Umweltschutzorganisation Legambiente in der Region Latium. Er deutet aus dem Fenster einer Bar auf die Via Giuseppe Giulietti im populären Viertel Testaccio, südlich des Stadtzentrums, wo es unzählige Trattorien mit urrömischer Küche, Restaurants und Nachtlokale gibt. Laub, Tüten, Kippen, Gratiszeitungen, Gemüsestrünke. »Hier sind die Müllmänner der AMA seit Monaten nicht mehr vorbeigekommen. Wir Römer sind nicht schmutziger als andere Völker. Aber unsere Verwaltung funktioniert nicht. Alle Stadtregierungen der vergangenen zehn Jahre waren ein Desaster.« Italiens Hauptstadt sei heute viel schmutziger und verwahrloster als vor ein, zwei Jahrzehnten, schimpft der Biologe. Dann macht er ein Sündenregister auf: Die kleinen Stadtparks, auf die besonders die Alten und die Kinder angewiesen seien, vergammelten oder blieben gleich geschlossen. Die Bürgersteige strotzten, wo sie nicht zugeparkt sind, vor Hundekot und würden →

Wer hat Schuld?

IMMER DIE ANDEREN

Manlio Cerroni entsorgte über Jahre Roms Müll; heute wirft man ihm kriminelle Machenschaften vor

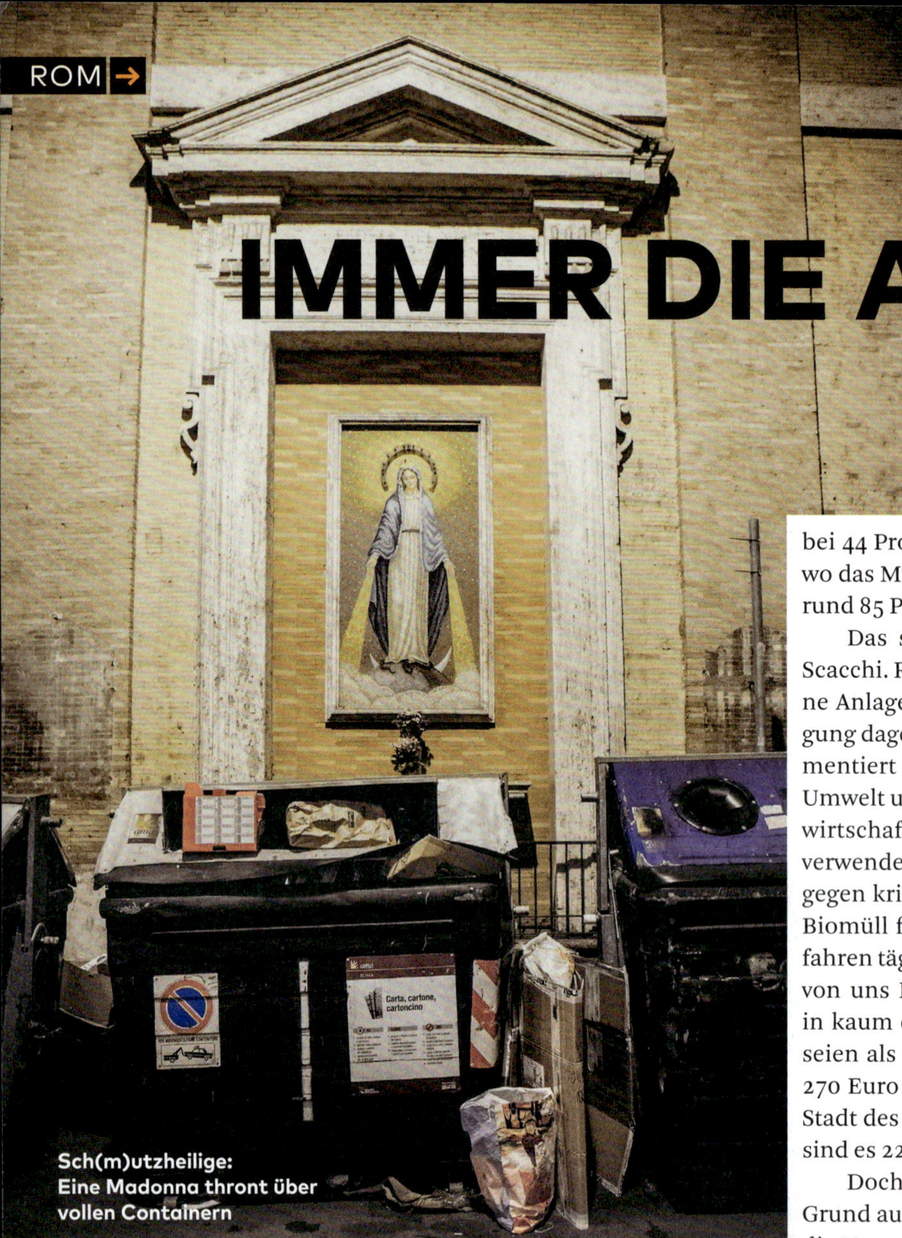

Sch(m)utzheilige: Eine Madonna thront über vollen Containern

von den Baumwurzeln zerrissen. An der Metrolinie C werde seit 15 Jahren gebaut. Bei großer Trockenheit, wie im Sommer 2017, drohe den Römern das Trinkwasser rationiert zu werden. Der Tiber, bis zur Stadtgrenze in einwandfreiem Zustand, kippe in der Hauptstadt um. Und dann, Krone der Schande, all der Müll. Dabei habe Rom alles, um seinen Bürgern ein gutes Leben zu bieten: Kunst und Kultur im Überfluss, ein warmes Klima, Meer, Seen und Berge rundherum.

Scacchi hatte ursprünglich auf die Politbewegung »MoVimento 5 Stelle« gehofft, zu deren Kernversprechen Umweltschutz, sauberes Wasser und nachhaltige Mobilität gehören. Doch seit die »Fünf Sterne« 2016 die Kommunalwahlen gewannen und die Bürgermeisterin stellen – die junge Juristin Virginia Raggi –, ist es nicht besser geworden. Im Gegenteil. Raggi und ihrer Mannschaft fehle es an Kompetenz, sagt der Legambiente-Chef. Zwei Drittel der Römer müssten ihren Müll noch in die Container schmeißen, die in den Straßen aufgestellt wurden, weil er in ihren Vierteln nicht zu Hause abgeholt werde. Auch werde viel zu wenig Abfall getrennt gesammelt, die Quote liege in der Hauptstadt nur bei 44 Prozent. Zum Vergleich: In der Wasserstadt Venedig, wo das Müllsammeln nicht gerade einfacher ist, liegt sie bei rund 85 Prozent.

Das schlimmste Problem aber sei der Biomüll, sagt Scacchi. Rom und die umliegende Region Latium hätten keine Anlagen dafür. Absurderweise sei die Fünf-Sterne-Bewegung dagegen, Biogasanlagen zu bauen. Die Bewegung argumentiert nämlich, solche Anlagen seien gefährlich für die Umwelt und das Klima. Sie führen dazu, dass wertvolle landwirtschaftliche Flächen für die Produktion von Biomasse verwendet würden, die dann verbrannt werde. Scacchi dagegen kritisiert, wegen fehlender Biogasanlagen müsse der Biomüll für teures Geld exportiert werden. »150 Lastwagen fahren täglich von hier nach Padua – beladen mit dem Abfall von uns Römern«, sagt Scacchi. Auch das erkläre, warum in kaum einer italienischen Stadt die Müllgebühren höher seien als in der Hauptstadt. Rom gibt pro Bürger und Jahr 270 Euro für die Müllabfuhr aus, in Florenz, ebenfalls eine Stadt des Massentourismus und ungleich sauberer als Rom, sind es 222 Euro.

Doch statt die Abfallentsorgung der Hauptstadt von Grund auf zu reformieren, schieben die Kommunalpolitiker die Verantwortung hin und her. Die Bürgermeisterin Raggi zeigt mit dem Finger auf die Regierung der Region Latium, die von der gegnerischen, sozialdemokratisch orientierten Partito Democratico gestellt wird. Die Regionsregierung verweist zurück auf die Stadtregierung. Diese wiederum gibt die Schuld ihrer Vorgängerregierung, die ebenfalls von der Partito Democratico gebildet worden war.

Dabei schien bis zum Jahr 2013 alles prima zu laufen mit den Römern und ihrem Müll. Im Westen, zwischen der Stadt und dem Meer, an einem Ort namens Malagrotta, »üble Höhle«, lag eine Müllkippe, die mit ihren 240 Hektar im Ruch stand, die größte Europas zu sein. Sie wurde 1975 von dem Entsorgungsunternehmer Manlio Cerroni eingerichtet, den man den »achten König Roms« oder kurz: »König Manlio« nennt. Fortan ließen die Römer ihren Müll einfach unsortiert nach Malagrotta karren und in ein riesiges Loch kippen, das in den 1970er-Jahren bei Erdarbeiten für den Ausbau des römischen Flughafens Fiumicino entstanden war. Entsprechend niedrig waren damals die Gebühren, was den inzwischen 91 Jahre alte Cerroni sagen lässt, Malagrotta sei »das Glück und die Rettung Roms« gewesen.

Eine Frage der Perspektive: Hinter aufgeplatzten Müllsäcken parkt ein fotogener Fiat 500

»Tatsächlich landeten noch bis 2013 volle 70 Prozent der Abfälle Roms unbehandelt in Malagrotta, obwohl das nach EU-Recht seit Jahren verboten war«, sagt Estella Marino von der Partito Democratico, die von 2010 bis 2013 als Umweltreferentin in der Stadtregierung saß. »Das System war ganz einfach: Die Müllwagen kamen an sieben Tagen die Woche rund um die Uhr.« 4500 bis 5000 Tonnen Abfall landeten so in Malagrotta – Tag für Tag. »Weil wir Römer das große Loch hatten, dachte keiner über Mülltrennung oder Wiederverwertung nach.«

2013 aber sah sich die Stadtregierung auch auf Druck der EU gezwungen, Malagrotta zu schließen. Seitdem quillt der Abfall in der Stadt über. Daran änderten auch verstärkte Mülltrennung, um die sich der damalige sozialdemokratische Bürgermeister Ignazio Marino bemühte, und der Müllexport bis nach Österreich und Deutschland nichts. Estella Marino, die nicht mit dem Ex-Bürgermeister verwandt ist, räumt ein: »Wir haben noch kein perfektes System hinterlassen.« Seitdem jedoch die Fünf Sterne auf dem Kapitol herrschten, ginge gar nichts mehr voran. Die Sterne wiederum behaupten, die Opposition übertreibe das Problem, um damit politisch zu punkten. Bürgermeisterin Virginia Raggi verteidigt sich, ihre Stadtregierung setze auf Abfallvermeidung und Mülltrennung. Ihre Kritiker erwidern, sie komme dabei viel zu langsam voran. Zudem sei die Stadtverwaltung durch den spektakulären Korruptionsskandal »Mafia Capitale« paralysiert, der 2014 aufflog und seither aufgearbeitet werden müsse, gibt Estella Marino zu bedenken. Bei »Mafia Capitale« handelt es sich um ein kriminelles Netzwerk aus Verbrechern, Politikern, städtischen Beamten und Unternehmern, das die Stadt unterwanderte, um sich illegal öffentliche Aufträge zu verschaffen.

Die Unfähigkeit von Politik und Verwaltung sei jedoch nicht der einzige Grund für die Krise, sagt Estella Marino, die heute wieder in ihrem Beruf als Ingenieurin arbeitet. Hinzu komme der »achte König Roms«, der über die Stadt als Müll-Monopolist herrsche. Für Manlio Cerroni sei die Müllkippe von Malagrotta eine »Goldgrube« gewesen. Er habe es, indem er der Stadt immer wieder einen Müllnotstand androhte, erreicht, Malagrotta so lange offen zu halten. Daher sei es versäumt worden, sich rechtzeitig um Alternativen bei der Abfallentsorgung und um mehr Müllvermeidung zu kümmern.

Inzwischen steht der Greis, dem ein weltweites Müllimperium aus Dutzenden Firmen und Firmenbeteiligungen gehört und der sich selbst notorisch als »Wohltäter« bezeichnet, wegen Bildung einer kriminellen Vereinigung bei der Müllentsorgung vor Gericht – zusammen mit Dutzenden weiterer Angeklagten. Der Staatsanwalt Alberto Galanti spricht von einem mafiaähnlichen System. Das Gesetz des Schweigens sowie die Kontrolle des Territoriums und der Institutionen hätten dazu gedient, die Macht der Gruppe aufrechtzuerhalten. Die Anklage fordert für Cerroni eine Freiheitsstrafe von sechs Jahren.

Doch selbst wenn König Manlio tatsächlich verurteilt wird – Rom wird dadurch noch nicht sauberer. Der angesehene römische Archäologe und Historiker Andrea Carandini beklagte unlängst eine »Orgie des Verfalls« und sagte, es herrsche eine Atmosphäre wie einst beim Untergang des Römischen Reichs. »Ich gehe durch die Straßen meiner Stadt und bin nicht mehr in der Lage, sie wiederzuerkennen.« Nun, das mag ein wenig übertrieben sein. Denn trotz aller Probleme verzaubert Rom seine Besucher weiterhin mit oft hervorragend restaurierten Kirchen und Palazzi, mit den berühmten Brunnenplätzen, antiken Villenparks, der Wucht seiner antiken Ruinen – und inzwischen sogar mit neuen Museen für moderne Kunst, wie zum Beispiel dem Macro oder dem Maxxi. Nur: Der Tourist kann den Dreck, die zerbröckelnden Straßen und den infernalischen Verkehr vielleicht für einige Tage mit den Schönheiten der Stadt überblenden. Der römische Bürger muss hier leben. Tag für Tag.

Aber vielleicht tragen die Römer ja auch Mitschuld an der Misere. Das findet jedenfalls Massimiliano Tonelli, der den Blog »Roma fa schifo« (»Rom ist abscheulich«) betreibt. Dort werden die Schattenseiten der Stadt, insbesondere deren Vermüllung, mit drastischen Artikeln, Fotos und Videos angeprangert. Der elegant gekleidete Römer mit dem kurzen Vollbart sagt: »Die Stadt ist wie eine Drogensüchtige, die einen Schritt vor dem Ende ist.«

Tonelli beschäftigt sich sonst eher mit den angenehmen Dingen des Lebens. Er arbeitet für den Verlag Gambero Rosso, der für seine Wein- und Restaurantführer berühmt ist und im Viertel Monteverde Kurse für Hobby- und Berufsköche anbietet. »Der Name ›Roma fa schifo‹ ist vielleicht ein bisschen stark«, sagt er. Aber der Blog sei ja ein Hilfeschrei, um die Bürger aufzurütteln. Im Gegensatz zu Mailand oder Florenz habe sich in Rom unter der Herrschaft der Päpste kein Unternehmertum und kein aufgeklärtes Bürgertum entwickeln können. Das wirke bis heute nach. »Die Bürger haben eine unglaubliche Fähigkeit, still zu leiden«, sagt er. Doch statt etwas zu ändern, trösteten sie sich mit der Antike. »Wir sind provinziell, arm und verwahrlost. Aber wir waren die Hauptstadt der Welt. Und das reicht uns.« ◐

Kontrast Kirche: Im geschäftigen Zentrum Mailands thront der gotische Dom wie eine Erinnerung an das klassische Italien

LUFT NACH OBEN

In Mailand ging es lange nur ums Geschäft: Hier wurde gearbeitet und Geld verdient, für Anmut blieb wenig Zeit. Das ändert sich nun: Die besten Architekten der Welt verleihen der Metropole einen neuen Look, mit schlanken Glasbauten, funkelnden Fassaden und neu belebten Stadtvierteln

TEXT **Annette Rübesamen**

Mit Schwung in die Höhe: Im Mailänder Geschäftsviertel CityLife blitzt die Glasfassade des Generali Tower

Wo früher nur wenige Bauwerke aus Mailands Skyline hervorlugten, wachsen heute Architektenträume aus Glas und Stahlbeton in den Himmel

Seit 2017 das Wahrzeichen einer Versicherung: (1) 44 Stockwerke hoch reckt sich der Generali Tower bis auf eine Höhe von 170 Metern empor, (2) die geschwungenen Deckenlamellen im Inneren wirken wie Kunstwerke. (3) Bereits im Shoppingcenter im Untergeschoss beeindruckt die organisch verwobene Geometrie der Architektin Zaha Hadid

(1) Auch mehr als 140 Jahre nach ihrer Eröffnung verströmt die Galleria Vittorio Emanuele II Eleganz – eine exklusive Shoppingmall, die Marken wie Prada, Armani, Versace oder Gucci ein Dach über dem Kopf bietet. (2) Die Architekten Filippo Pagliani (r.) und Michele Rossi dagegen katapultieren Mailand in die Moderne, etwa mit (3) dem Flagshipstore des Luxuslabels Brioni

Das höchste Gebäude Italiens gilt auch als eines der elegantesten: Turm A des Unicredit Tower nahe dem Hauptbahnhof schraubt sich 230 Meter in den Himmel

1

2

3

Abends entspannen sich Einheimische am Naviglio Grande, Mailands ältestem Kanal. (1) Als Entwurf steht der Turm von Daniel Libeskind zwischen den bereits fertigen Wolkenkratzern von Zaha Hadid und Arata Isozaki im CityLife-Viertel; 2019 soll er eröffnet werden. (2) Modern, auch kulinarisch: eine Avocado-Bowl im »Botanical Club«. (3) Kultur, ganz schnörkellos: das Museo delle Culture

1

SCHNELL, SCHNELL! In drei Tagen ist Einweihung. Die Hilti hämmert, Staub fliegt durch die Luft, in dem Raum hinter dem Empfangstisch rutschen Arbeiter mit dem Teppichleimeimer über den nackten Estrich. Das Architekturbüro Park Associati im Mailänder Universitätsviertel ist eine einzige Baustelle, doch Filippo Pagliani und sein Partner Michele Rossi sitzen im gemeinsamen Arbeitszimmer unter der selbst entworfenen Deckenleuchte und sind bester Dinge. Ihr neuer Bürotrakt ist so gut wie fertig. Ein ganzes Geschoss haben die Architekten dazugemietet, weil sie mehr Platz brauchen. Als die gebürtigen Mailänder vor fünf Jahren die Räume im Hinterhof einer ehemaligen Telefonfabrik bezogen, bestand das Team aus 20 Leuten. Heute arbeiten bei Park Associati doppelt so viele. »Für italienische Verhältnisse sind wir ein großes Architekturbüro«, sagt der 49-jährige Pagliani und streicht sich die gewellten grauen Haare nach hinten. »Wir haben viel zu tun.«

Pagliani und Rossi gehören zu denjenigen Architekten, die Mailand gerade einen neuen Look verpassen. Die einer viel beschäftigten Signora im abgetragenen grauen Kostüm ein hochaktuelles, schickes Outfit auf den Leib schneidern. Mailand, mit 1,3 Millionen Einwohnern nach Rom die zweitgrößte Stadt Italiens, hat sich früher nie groß Gedanken um sein Aussehen gemacht. In Mailand wurde und wird gearbeitet. Banken und Versicherungen, Stahl- und Automobilindustrie geben seit Anfang des 20. Jahrhundert einen flotten Arbeitsrhythmus vor, in dem es alle immer eilig haben. In dem die Dinge funktionieren müssen. Anmutiger Liebreiz war Mailand nicht in die Wiege gelegt, anders als italienischen Naturschönheiten wie dem barocken Rom oder dem Renaissance-Florenz, und der Zweite Weltkrieg legte die Stadt zur Hälfte in Schutt und Asche. Danach wurde sie irgendwie wieder zusammengeflickt und wuchs zügig zum italienischen Finanz- und Businesszentrum heran. »Ob Mailand schön ist?« Filippo Pagliani kratzt sich überrascht am Kopf. »Weiß nicht. Auf alle Fälle hat die Stadt echten Charme. Und seit ein paar Jahren ist sie unglaublich dynamisch, international, steckt voller Leben. Die Stadt ist ja nicht groß, zu Fuß kommt man in einer Stunde überall hin. Aber sie fühlt sich auf einmal an wie eine echte Metropole.«

Luftige Konzernzentralen haben Park Associati in Mailand gebaut und den Flagshipstore des Luxuslabels Brioni designt, sie haben gealterte Signature-Bauten aus den 60er- und 70er-Jahren mit frischen Fassaden versehen und Pop-up-Restaurants auf die Dächer klassizistischer Paläste gesetzt. Ihr neuestes Projekt ist ein 22 000 Quadratmeter großes Business-Center mit einem 67 Meter hohen verspiegelten Turm, der die Mailänder Skyline eindrucksvoll bereichern soll.

Die Skyline! Noch bis nach der Jahrtausendwende ragten nur vereinzelt Bauwerke mit über 100 Metern aus dem Dächermeer heraus. Zum Beispiel der gotische Dom mit der vergoldeten Madonnina auf einem der Spitztürme, der Aussichtsturm Torre Branca, der elegante Pirelli-Wolkenkratzer, den die Meisterarchitekten Giò Ponti und Pier Luigi Nervi in den 1950er-Jahren gegenüber vom Hauptbahnhof hochgezogen hatten, oder die etwa gleich alte Torre Velasca, eine finstere Wachturmkonstruktion reinster Brutalismusschule.

HEUTE ZACKT ÜBER DER STADT eine ganze Fieberkurve aus grandiosen Glas- und Stahltürmen in den norditalienischen Himmel, als wolle sie die Erregung messen, mit der sich Mailand seiner Erneuerung unterzieht. Die meisten sind noch keine zehn Jahre alt, und in ihrem Schatten wird weiter gebaut, geplant und gegraben. Nicht nur in den Außenbezirken, auch mitten in der Stadt entstehen neue Wohn- und Geschäftsviertel, wandeln sich alte Fabriken zu Kunst- und Kulturstätten. Dazwischen sprießen Parks, Gärten und öffentliche Plätze, bislang rare Elemente im verdichteten Stadtbild.

»Schnell einen Kaffee?« Carlo Berizzi wartet im dunklen Trenchcoat an der Fondazione Giangiacomo Feltrinelli. Die →

(1) Der Bosco Verticale ist ein Wohnhaus mit Waldfassade. (2) Wo einst Schnaps gebrannt wurde, zeigt nun die Fondazione Prada im Süden der Stadt Kunst und Kultur

Stiftung hinter dem großen Mailänder Verlag hat sich 2016 einen monumentalen Fachwerkbau aus Glas und Beton gegönnt, ein Werk der Schweizer Stararchitekten Herzog & de Meuron. Im Erdgeschoss liegt eine Buchhandlung mit einem Café, in dem die Kaffeemaschine faucht und die Baristas leichthändig mit Tassen klappern. »Espresso«, sagt Carlo und reißt ein Zuckertütchen auf, »dieses Wort wurde in Mailand geprägt. Es sagt schon alles über das Tempo in unserer Stadt. Man stellt sich an den Tresen und stürzt seinen Kaffee hinunter. Und weiter geht's.«

Auch Carlo ist Architekt. Er unterrichtet an der Hochschule von Pavia und betreibt nebenbei eine Agentur für Architekturführungen, mit der er seit ein paar Jahren ordentlich zu tun hat. Die Tour »Zeitgenössisches Mailand« beginnt gleich hinter der Fondazione Feltrinelli, in Porta Nuova, dem Herzstück des neuen Mailand. »50 Jahre lang war hier ein Niemandsland«, sagt der 46-Jährige. »Ein riesiges Areal, das nach der Verlagerung des Bahnhofs Porta Garibaldi in den 1960er-Jahren übrig geblieben war.« Jetzt glitzern rund um die kreisrunde, autofreie Piazza Gae Aulenti (benannt nach der italienischen Architektin Gaetana Aulenti, 1927–2012) mit ihren Wasserspielen die geschwungenen Glasbauten des Unicredit Tower, der mit seiner Antenne im Stil des Burj Khalifa in Dubai in Richtung Wolken sticht. »230 Meter«, sagt Carlo stolz, »die Antenne mitgerechnet. Der höchste Wolkenkratzer Italiens.« Entworfen hat ihn der argentinische Architekt Cesar Pelli.

In seinen Fassaden spiegeln sich die ebenfalls ansehnlichen neuen Nachbarhäuser. Schlanke, hochgewachsene Wohn- und Geschäftstürme, chic wie die Kleider von Miuccia Prada. Der berühmte Bosco Verticale, zwei mit Tausenden von Bäumen und Sträuchern in einen senkrechten Wald verwandelte Hochhäuser. Um die Gruppe der Monolithen herum kauern kubistische Stadtvillen und verschachtelte Mehrfamilienhäuser. Und auf einer weiten Freifläche entsteht gerade die Biblioteca degli Alberi, eine Art botanischer Baumgarten. Vögel singen, Menschen schieben Kinderwagen herum oder setzen sich mit dem »Corriere della Sera« auf eine der Parkbänke, alles ein wenig vorsichtig, als könnten sie selbst noch nicht glauben, wie interessant und lebenswert ihre Stadt auf einmal geworden ist.

»Mailand hatte enormen Nachholbedarf«, erklärt Carlo später beim Warten auf die U-Bahn. Die Wartezeit ist kurz. Alle drei Minuten kommt eine der supermodernen, führerlosen Bahnen der neuen Linie 5 angesaust. Kreativ, sagt Carlo weiter, sei man in Mailand schon lange, nicht nur in der Mode, auch in Design und Architektur, wo sich in den 1950er- und 60er-Jahren der »Stile Milano« entwickelt habe, halb Modernismus, halb Postmoderne. »Giò Ponti gehörte zu seinen Vertretern, der Designer Vico Magistretti, aber auch Luigi Caccia Dominioni, der lokale Industrieprodukte für den Bau verwendet hat. Keramikverkleidungen, Alufenster, Eisenbalkone und so weiter.« So hätte es weitergehen können, doch dann kam Tangentopoli.

Der grosse Korruptionsskandal rund um Schmiergelder (*tangenti* auf Italienisch), Amtsmissbrauch und illegale Parteienfinanzierung legte Anfang der 1990er-Jahre ein zutiefst verfaultes System frei. Es lähmte das unternehmerische und politische Leben genau in dem Moment, als sich Mailand von der Industrie- zur Dienstleistungsmetropole wandelte, als Fabriken schlossen und jede Menge ehemalige Produktionsflächen frei wurden. Jahrelang geschah daher erst einmal gar nichts. »Doch Untätigkeit passt nicht zu dieser Stadt. Irgendwann brach die aufgestaute Energie los. Wir Mailänder wollen zeitgenössisch sein, vorn dabei, etwas bewegen. Bike-Sharing, Bio, Mülltrennung. Finden wir alles toll.«

Dass Mailand den Zuschlag für die Weltausstellung Expo 2015 erhielt, trug mit dazu bei, das Pendel wieder in Schwung zu bringen. Dankbar zelebriert die Stadt nun eine Modernität, die sich überall sonst in Italien äußerst schwertut. Selbst amerikanisches Frühstück schließt sie ein. Im neuen Viertel City-Life hat eine Californian Bakery eröffnet, in der man froh sein kann, noch einen Platz zu finden zwischen all den hellwachen Mailänderinnen, die dort ihre Avocado-Bagels mit *american coffee* hinunterspülen, bevor sie in ihre Kanzleien und PR-Agenturen sprinten. CityLife liegt dort, wo die Mailänder Messen stattfanden, bevor 2005 das neue, große Messe- und spätere Expo-Gelände im Nordwesten der Stadt eröffnet wurde. Die zugehörige Metrostation heißt Tre Torri, auch wenn von den angekündigten drei Türmen erst zwei fertig sind. Der äußerst elegante Wolkenkratzer des Japaners Arata Isozaki mit einer vorgehängten Fassade aus gewölbten Glassegeln und vier gewaltigen Pfeilern, die den Bau wie überdimensionale goldene Zahnstocher stützen. Und das wie in einer organischen Schwungbewegung erstarrte Hochhaus von Zaha Hadid. Dazwischen schraubt sich – »sehr schnell, ein Stockwerk pro Woche«, schätzt Carlo optimistisch – der dritte Turm von Daniel Libeskind in die Höhe.

Auch CityLife ist angelegt wie Porta Nuova, eine autofreie Mischform aus Geschäfts- und Wohnbebauung mit ausgedehnten Grünflächen. Doch die Apartmentanlagen thronen in ihren Parks wie luxuriöse Kreuzfahrtschiffe. Sie werden bewohnt von Blondinen in Leopardenmänteln und von millionenschweren Fußballprofis, die man in Jogginghosen durch die unterirdische Shoppingmall mit ihren Saftbars und Cashmere-Boutiquen schlurfen sehen kann. Das Areal wirkt ein wenig unwirklich, wie ein animiertes Rendering. »Gated communities«, seufzt Carlo und wischt über die Carsharing-App seines Telefons. »Mit echtem Leben hat das nicht viel zu tun. Fahren wir lieber nach Zona Tortona.«

Carlo ist dort zu Hause, in Mailands erstem charmant durchgentrifizierten Trendviertel. Ganz ohne Masterplan mutierte der trostlose Ex-Schwerindustriestandort ab den 90er-Jahren zum bunten, vibrierenden Lieblingsviertel für Künstler und Designer – auch für solche, die es schon zu etwas gebracht hatten. In den alten Fabrikhallen hinter dem Naviglio-Kanal haben sich Giorgio Armani, Gianfranco Ferrè und Arnaldo Pomodoro mit Stiftungen und Museen niedergelassen. In den Hinterhöfen liegen Foto- neben Yogastudios, dazwischen wuseln die schnittigen Unternehmensberater von Deloitte auf dem Weg zu ihrer hawaiianischen Mittags-Bowl in »The Botanical Club«. Es haben aber auch ein paar Autowerkstätten und ein Boccia-Verein überlebt.

STRAHLENDES HIGHLIGHT IN ZONA TORTONA ist das 2015 eröffnete städtische Volkskundemuseum Mudec auf dem Gelände eines ehemaligen Lokomotivenwerks. Der britische Stararchitekt David Chipperfield hat es entworfen – ein Ensemble aus mit grauem Titanzink verkleideten Kuben, über denen sich ein wellenförmiger Körper aus schimmerndem Milchglas erhebt. Besucher können zwischen den japanischen Masken und afrikanischen Schmuckstücken der ständigen Sammlung umherstreifen, aber noch spannender ist ein Bummel durch die Nachbarhöfe des Mudec. Dort liegen die Werkstätten des Teatro alla Scala, und durch die Fenster kann man Schneiderinnen zusehen, die sich über die Bühnenkostüme des Frauenchors aus »Aida« beugen und einem freundlich mit Nadel und Faden zuwinken. Gegenüber, in einer zum Kultur-Hub umgewandelten ehemaligen Fabrikhalle mit nacktem Betonboden, lauschen Nerds in schwarzen Schlabberoutfits einem Vortrag zum Thema »Circular Economy«. Digital Week ist nämlich auch gerade in Mailand. Man muss wirklich aufpassen, dass man nichts verpasst.

Allein all die Museumseröffnungen der letzten Jahre! Das Mudec, das Museo del Novecento, das Triennale Design Museum! Besonders viel Aufmerksamkeit erhielt die Fondazione Prada, die Kunststiftung des Mailänder Modekonzerns. Denn was der holländische Architekt Rem Koolhaas aus der alten Schnapsfabrik am ehemaligen Güterbahnhof Porta Romana herausgeholt hat, ist spektakulär – ein Kulturdorf mit Ausstellungshäusern und Kino, gepflasterten Plätzen und einer Bar, die der amerikanische Regisseur Wes Anderson designt hat. Auf fliederfarbenen und lindgrünen 1950er-Jahre-Stühlchen hockt dort eine derart bunte, prächtige Gesellschaft aus internationalen Fashion- und Kunstadepten, dass sich für deren Anblick allein schon die etwas umständliche Anreise lohnt.

Ein 60 Meter hohes, weiß leuchtendes Turmgebäude ist das weithin sichtbare Erkennungszeichen der Fondazione Prada. Mit kantigen Einschnitten erhebt es sich über die weite, verwilderte Gleislandschaft zu seinen Füßen. Die Umwandlung dieses riesigen Areals ist Mailands nächstes großes Urbanisierungsprojekt. Wer genau hinhört, kann die Eisenbahnschienen vor ungeduldiger Erwartung schon vibrieren hören: schnell, schnell! Aber wie hat Bürgermeister Beppe Sala erst kürzlich so schön gesagt? »Mailand muss jetzt nur noch lernen, langsamer zu werden.« ◐

Das Hotel »casaBASE« im Viertel Tortona

Mailands neuen Look entdecken

ERLEBEN

GA Milano
Carlo Berizzi und seine Kollegen führen mit Fachverstand und Fremdsprachenkenntnissen durch viele verschiedene Mailands – das zeitgenössische, das moderne, das sozialverträgliche. Halb- oder Ganztagestouren möglich, Transfer wahlweise mit Privatbus, Fahrrad oder öffentlichen Verkehrsmitteln.
37 *Via Savona 103, Tel. 347-484 57 29, www.ga-milano.it*

Museo delle Culture
Die Architektur bewundern oder lieber die ethnologischen Sammlungen und aktuellen Ausstellungen zu Themen wie Kopfgeldjägern oder Chinesen in Mailand? Am besten beides!
38 *Via Tortona 56, Tel. 02-549 17, www.mudec.it*

Fondazione Prada
Erst einen Espresso in der vom Regisseur Wes Anderson gestalteten »Bar Luce« schlürfen, danach große Kunst genießen: nicht nur die permanente Sammlung mit Arbeiten von Thomas Demand und Louise Bourgeois, sondern auch den architektonischen Rahmen von Rem Koolhaas. Mindestens einen halben Tag einplanen!
39 *Largo Isarco 2, Tel. 02-56 66 26 11, www.fondazioneprada.it*

Fondazione Giangiacomo Feltrinelli
Von dem monumentalen Fachwerkbau aus Glas- und Beton der Verlagshaus-Stiftung hat auch das Publikum etwas. Es gibt einen Buchladen, ein Café und einen öffentlichen Lesesaal in der obersten Etage (Traumblick!).
40 *Viale Pasubio 5, Tel. 02-495 83 41, www.fondazionefeltrinelli.it*

Casa della Memoria
Im Schatten der Türme von Porta Nuova steht dieses schlichte »Haus der Erinnerung«, dessen Fassade Bilder aus der Geschichte des 20. Jahrhunderts zeigt. Innen werden Dokumente der Zeitgeschichte aufbewahrt.
41 *Via Federico Confalonieri 14, Tel. 02-88 44 41 02*

Base Milano
Im Technologie-Kultur-Hub im ehemaligen Ansaldo-Werk in Zona Tortona ist immer irgendwas los. Und sei es nur Mittagessen im Bistro, Aperitif in der Bar oder frisch gemachte Betten im »casaBASE« (o.), wo man stilvoll übernachten kann.
42 43 *Via Bergognone 34, base.milano.it, Ü ab 35 €/Person*

LESEN

»Architectural Guide Milan«
Carlo Berizzi hat für den deutschen DOM-Verlag einen Architekturführer über die Stadt verfasst. Auf 552 Seiten stellt er die interessantesten Bauwerke und Projekte der letzten 100 Jahre vor. Knapp, präzise, bestens informiert.
DOM Publishers, 2015, in Englisch oder Italienisch, 38 €

Die Künstlerin Olga Schigal verarbeitet Erinnerungen an ihre Jugend in Sibirien. Dazu gehören auch Äpfel, geformt aus honigfarbenem Latex

Am

Puls der Stadt

OLGA SCHIGAL

ALESSANDRA BALDERESCHI

CHIARA MOSCARDELLI

LIVIA SATRIANO

GIULIA MOLTENI

Sie lassen Lampen flüstern, spielen mit Erinnerungen, lauschen dem Sound des Aufbruchs nach: GEO Special traf fünf kreative Mailänderinnen, die sich von ihrer Stadt inspiriert fühlen. Auch wenn es nicht immer Liebe auf den ersten Blick war

TEXT **Lenz Koppelstätter**

OLGA SCHIGAL /// 38 /// KÜNSTLERIN

Für die russische Künstlerin Olga Schigal ist das moderne Mailand Nährboden ihrer Inspiration – eine Fusion aus Erinnerung und Gegenwart

»ICH BIN IN SIBIRIEN GEBOREN, zwischen Erdöl- und Gasraffinerien. Nachdem meine Familie nach Deutschland gezogen war, habe ich in Münster studiert. 2009 kam ich nach Mailand. Das war eine sehr spontane Entscheidung. Ich wollte ein paar Auslandsmonate in Italien verbringen, Rom oder Florenz erschienen mir zu museal, Mailand dagegen modern, zeitgenössisch. Ich hatte 900 Euro in der Tasche, es war April, ich war verliebt, die Sonne schien, die ganze Stadt hat geblüht. Ich weiß, in den Augen vieler Leute bin ich ein komischer Vogel, da habe ich es aus Sibirien nach Deutschland geschafft, dahin, wohin alle wollen, und dann gehe ich nach Mailand. Aber ich war nie ein Karrieremensch, ich wollte einfach immer nur Kunst machen. Ich konnte mich mit Kunst immer schon besser verständigen als mit Sprache, und das, obwohl ich Deutsch, Englisch, Italienisch und Russisch spreche. Schon als Kind tanzte ich lieber, als zu sprechen. Für meine Arbeit nutze ich die Nostalgie, die Erinnerungen an meine Kindheit und Jugend in Russland. Das, gepaart mit dem, was ich in Italien jetzt erlebe, inspiriert meine Arbeit: So entstehen meine Kunstwerke, wie die Birkenstämme, in Meeressand gerammt. Der Sand steht symbolisch für vergrabene Erinnerungen. Oder zwei Matroschkas. Eine in Schwarz, die Witwe, träumt mit geschlossenen Augen vom Land, das ich verloren habe. Die andere in Weiß, die Braut, steht für meine neue Heimat.«

OLGA SCHIGALS TIPPS

Piazza Gae Aulenti
»Dieser Platz ist das neue, junge Herz der Metropole. Mailand ist eine flache Stadt – hier nicht. Hier sprießen die Hochhäuser in den Himmel. Zwei davon, ›senkrechter Wald‹ genannt, sind auf allen Balkonen mit Gebüsch und Bäumen bepflanzt. Ein beeindruckender, unwirklicher Anblick.«
44 *Piazza Gae Aulenti*

Joia
»Haute Cuisine, aber für Vegetarier und Veganer und immer möglichst simpel zubereitet – für mich ist das Essen im ›Joia‹ wie ein spirituelles Ereignis. Die Zutaten kommen von Bauern aus der Region oder aus dem eigenen Garten und sind alle biologisch.«
45 *Via Panfilo Castaldi 18, Tel. 02-29 52 21 24, www.joia.it*

PAC
»Der Pavillon für zeitgenössische Kunst ist für mich das spannendste Museum Mailands, weil es nicht, wie so vieles in Italien, in der Vergangenheit schwelgt, sondern die Zukunft zeigt.«
46 *Via Palestro 14, Tel. 02-88 44 63 59, www.pacmilano.it*

ALESSANDRA BALDERESCHI /// 43 /// DESIGNERIN

Kunst in den Alltag holen, Funktionales mit Grazie schaffen – Alessandra Baldereschi kreiert Lampen, die kunstvolle Schatten werfen

Nach einer künstlerischen Ausbildung haben Sie sich entschieden, Produktdesignerin zu werden. Warum? Ich habe mich immer für Kunst interessiert, aber Kunst nur um der Kunst willen, das hat mir nie gereicht. Ich wollte immer etwas Funktionales schaffen. Alltagsgegenstände, die wie Kunst wirken. Die selbst Kunst sind. Diese Einstellung ist, wenn man so will, typisch für Mailand. Deshalb ist diese Stadt das Zentrum des Produktdesigns. Hier verschmelzen Kunst, Design, Mode, aber auch Soziologie, Marketing, Architektur – alles dreht sich um das Schöne.

Wie wurden Sie zur Designerin? Ich habe einen Master in Industrial Design gemacht und als eine meiner ersten Ideen Lampen entworfen. Lampen sind für mich Skulpturen, aber sie spenden auch Licht. Da hatte ich meine Verbindung aus Kunst und Praktischem und wusste: »Das will ich machen!« Seitdem designe ich Schmuck, Mode, Möbel, alles, was uns im Alltag umgibt.

Was macht für Sie gutes Design aus? Ein Objekt muss nicht immer schreien. Es kann auch flüstern. Es geht nicht um pure Schönheit, es geht um Grazie. Oft reicht ein entstaubter, neuer Blickwinkel. Ich habe eine Zeitlang in Japan gelebt und viele Unterschiede zu unserer Sichtweise in Europa bemerkt. Wenn wir Europäer eine Lampe sehen, denken wir an das Licht, das sie spendet. Im fernen Osten sind die Schatten, die dieses Licht wirft, viel wichtiger.

ALESSANDRA BALDERESCHIS TIPPS

Trattoria Milanese
»In diesem 1933 eröffneten Lokal gibt es die besten Mailänder Gerichte: Risotto und Kotelett. Einfach, aber köstlich.«
47 *Via Santa Marta 11, Tel. 02-86 45 19 91*

Bar Basso
»Eine Institution! Während der Möbelmesse treffen sich hier die weltbesten Designer, um mit leckeren Cocktails auf das schöne Leben anzustoßen.«
48 *Via Plinio 39, Tel. 02-29 40 05 80, www.barbasso.com*

CHIARA MOSCARDELLI /// 45 /// AUTORIN

Die Bestsellerautorin Chiara Moscardelli schreibt über Heldinnen des Alltags. Sie selbst musste – als Römerin – mit Mailand erst warm werden

IHRE WEIBLICHEN HAUPTFIGUREN sind italienische Versionen von Bridget Jones. Kleine Leben, große Träume. Das tägliche Scheitern, aber stets mit Humor und Witz. Frauenpower! Ihre Bücher tragen im Italienischen Titel wie »Das Leben ist kein Film« oder »Eigentlich wollte ich nur früh ins Bett gehen«. »In jeder meiner Heldinnen steckt ein Stück von mir«, sagt die Bestsellerautorin, die vor zehn Jahren berufsbedingt aus ihrer Heimatstadt Rom nach Mailand zog. Der Abschied fiel Chiara Moscardelli schwer. Was hatte sie am Tiber nicht alles Schreckliches über Mailand gehört: dass es ständig regne. Dass die hochnäsigen Mailänder Frauen niemals in gemütlichen Klamotten aus dem Haus gingen. Auch nicht kurz, nur zum Bäcker. Sie stürzte sich in die Arbeit. Schrieb und schrieb. »Meine Bücher sind eine Art offenes Tagebuch«, sagt sie. Zwei Stunden schreibt sie täglich. Schreibblockaden? Sie lacht. Dafür fehlt ihr schlicht die Zeit. Sie legt einfach los, irgendwann schreibt es sich von allein. Ihr Lieblingsautor? Sie nennt lieber Filme. »Alles von Woody Allen.« Und natürlich: Bridget Jones. Inspiration holt sie sich eher im Kino als auf der Straße. Trotzdem hat die Römerin Mailand bald lieb gewonnen. »In den zehn Jahren, in denen ich hier lebe«, sagt Moscardelli, »hat sich Mailand zu einer wunderbaren Stadt entwickelt. Neue, spektakuläre Architektur, neue Viertel, neues, lässiges Lebensgefühl.« Selbst der typische Mailänder Regen schien weniger zu werden. Ganz so, als habe die Autorin zur richtigen Zeit die Stadt gewechselt. Da nimmt sie es sogar in Kauf, sich fürs Brötchenholen chic anzuziehen.

CHIARA MOSCARDELLIS TIPPS

La Balera dell'Ortica

»Alte, entstaubte Tanzsäle sind in Mailand wieder angesagt. In diesem sieht alles aus wie aus den 1950er-Jahren – und es klingt auch so. Den jungen Mailändern gefällt's.«
49 *Via G. A. Amadeo 78, Tel. 02-70 12 86 80, www.labaleradellortica.com*

Bar Luce

»Diese formvollendete Bar wurde vom Regisseur Wes Anderson gestaltet und befindet sich in der neu eröffneten Fondazione Prada (s. auch S. 67). Sie wirkt so, als hätte man sie aus einem Filmset eines längst untergegangenen Mailands geschnitten.«
50 *Largo Isarco 2, Tel. 02-56 66 26 11, www.fondazioneprada.org*

LIVIA SATRIANO /// 30 /// MUSIKFORSCHERIN

Livia Satriano erforscht die Musikszene der 1980er-Jahre – ein Jahrzehnt, das uns, so sagt sie, bis heute nachhaltig prägt

Sie sind in Neapel geboren, wie kamen Sie nach Mailand? Ich bin 2006 zum Medienkommunikationsstudium in den Norden gezogen. Mich haben schon immer Musik, Fernsehen und die Lebensart der 1980er fasziniert.

Wie wird man Musikforscherin? Es war ein großer Zufall. Ich schrieb über die 1980er-Jahre meine Abschlussarbeit an der Uni. Über Bands wie Confusional Quartet aus Bologna, über die damalige Clubkultur, etwa den legendären Club »CBGB« in New York oder den Club »Tenax« in Florenz. Daraufhin hat mich ein Verlagshaus gefragt, ob ich ein Buch über jene Zeit und Szenen schreiben wolle. Klar wollte ich. So wurde ich zur Musikforscherin, schreibe Bücher, Artikel und Aufsätze in Fachjournalen. Selbst musiziert habe ich übrigens nie. Ich höre einfach gern Musik.

Was fasziniert Sie an den 1980er-Jahren? Ich bin 1987 geboren, leider etwas zu spät, um das Jahrzehnt bewusst mitzuerleben. Aber durch die Recherche sind mir diese Jahre sehr nahegekommen. Fast, als hätte ich sie selbst erlebt. Es war ein Zeitalter der Veränderung, alles war der Zukunft zugewandt, es ging um Erneuerung und Fortschritt. Damals wurde der Grundstein des Digitalzeitalters gelegt. Die 1980er-Jahre beeinflussen uns noch heute: die Mode, die Kunst, die Musik, den Zeitgeist.

LIVIA SATRIANOS TIPPS

Trattoria Masuelli San Marco
»Ein Traditionshaus mit Gerichten aus der Lombardei und dem Piemont. Nirgendwo habe ich ein besseres typisches Mailänder Risotto mit Safran gegessen.«
51 *Viale Umbria 80, Tel. 02-55 18 41 38, www.masuellitrattoria.com*

Bar Quadronno
»Eine Bar, wie es sie in Mailand früher zu Dutzenden gegeben hat. Die Auswahl an Panini scheint unendlich: mit Prager Schinken, Roastbeef, Bresaola, Scamorza, Brie, Peperoni, Mozzarella …«
52 *Via Quadronno 34, Tel. 02-58 30 66 12, www.barquadronno.it*

GIULIA MOLTENI /// 38 /// JUNGUNTERNEHMERIN

Hineingeboren in eine Möbeldynastie, schätzt Giulia Molteni die Vorteile ihres Familienunternehmens

WENN MAILAND EIN MÖBELSTÜCK WÄRE? Giulia Molteni lehnt sich in das Sofa zurück, schaut sich um, inspiziert die Möbelstücke aus dem familieneigenen Sortiment, die sie umgeben, und schließt kurz die Augen. »Ein Bücherschrank!«, sagt sie dann und nickt noch einmal zur Bestätigung. Ja, Mailand sei ein großer Bücherschrank mit vielen kleinen Glastürchen. »Weil in dieser Stadt für jeden etwas steckt, weil man in ihr immer etwas Neues entdeckt.« Molteni, verheiratet, zwei Kinder, stammt aus einer Möbeldynastie. Ihr Großvater, Angelo Molteni, gründete 1934 eine Handwerksfabrik, ihr Vater, Carlo Molteni, war 1961 einer der Initiatoren des ersten »Salone del Mobile«, der mittlerweile wichtigsten Möbelmesse der Welt. »Wir legen Wert auf gutes Design, gutes Material, all das macht für uns ›made in Italy‹ aus«, erklärt sie, und in ihrer Stimme klingt der Stolz auf die Errungenschaften der Familie. Nach dem Wirtschaftsstudium ging Giulia Molteni zuerst nach New York, kehrte zurück, stieg 2007 in den elterlichen Betrieb ein. Gemeinsam mit einem Bruder und zwei Cousins bildet sie nun die dritte Generation des Hauses. Bald werden sie die Geschäfte vollends übernehmen. Moltenis Aufgabe? Sie arbeitet an der Schnittstelle zwischen Design und Marketing. Sie weiß, dass große Fußstapfen von Eltern und Großeltern Vor- und Nachteile mit sich bringen. »Aber die Vorteile überwiegen«, sagt sie und lacht. »Wir streiten, klar, aber immer konstruktiv. Manchmal aber reicht nur ein Blick, und alles ist klar. Das geht nur in der Familie.«

GIULIA MOLTENIS TIPPS

Museo del Novecento
»Das Museum liegt direkt neben dem Dom und lässt die Besucher in die Welt der italienischen Kunst eintauchen – vom Futurismus bis zur Arte Povera, den Rauminstallationen mit alltäglichen Materialien.«
53 *Im Palazzo dell'Arengario, Piazza Duomo 8, Tel. 02-88 44 40 61, www.museodelnovecento.org*

Ceresio 7
»Hier werden Klassiker der italienischen Küche neu interpretiert: Gnocchi di bufala, Risotto agli asparagi, Crudo di mare. Und das Beste: Man speist in zeitlos schönem Design und kann vorher am Pool mit Blick über die Stadt entspannen.«
54 *Via Ceresio 7, Tel. 02-31 03 92 21, www.ceresio7.com*

GEO Vorteilsabo

Eine Auswahl für jeden Anspruch.

Lesen oder verschenken Sie Ihre Wunschzeitschrift und sichern Sie sich eine tolle Prämie.

GEO für zzt. nur 93,60 €*
Die Welt erkennen, die Welt verstehen – in großartigen Fotoreportagen. 12x im Jahr.
Selbst lesen: 170 1845 **Verschenken:** 170 1846

GEO EPOCHE für zzt. nur 72,– €*
Die spannendsten Seiten unserer Geschichte. 6x im Jahr – inkl. Digital.
Selbst lesen: 177 0945 **Verschenken:** 177 0946

GEOkompakt für zzt. nur 40,– €*
Alle Bausteine für Ihre Bibliothek des Wissens. 4x im Jahr.
Selbst lesen: 170 1886 **Verschenken:** 170 1887

GEO WISSEN für zzt. nur 40,– €*
Relevante Bereiche der Wissenschaft. 4x in zwei Jahren.
Selbst lesen: 170 1888 **Verschenken:** 170 1889

GEO SAISON für zzt. nur 84,– €*
Die Nr. 1 unter den Reisemagazinen. 12x im Jahr.
Selbst lesen: 170 1891 **Verschenken:** 170 1892

GEO SPECIAL für zzt. nur 57,– €*
Fängt an, wo der Reiseführer aufhört. 6x im Jahr.
Selbst lesen: 170 1893 **Verschenken:** 170 1894

GEOlino für zzt. nur 54,60 €*
Deutschlands großes Kindermagazin. Für alle ab 9 Jahren. 13x im Jahr.
Selbst lesen: 175 5666 **Verschenken:** 175 5667

GEOmini für zzt. nur 46,80 €*
Für neugierige Erstleser ab 5 Jahren. 13x im Jahr inkl. GEOmini Ferienheft.
Selbst lesen: 175 5668 **Verschenken:** 175 5669

Jetzt bestellen!

Weitere Prämien finden Sie im Online-Shop.

- ✓ Eine Wunsch-Prämie für Sie
- ✓ Lieferung frei Haus
- ✓ Ein oder mehrere Magazine Ihrer Wahl
- ✓ Ideale Geschenkidee

GEO-Magazine online bestellen und noch mehr Angebote unter:

www.geo.de/familie

+49 (0) 40 / 55 55 89 90
Bei telefonischer Bestellung bitte immer die Bestellnummer angeben

*Alle Preisangaben inklusive MwSt. und Versand. Es besteht ein 14-tägiges Widerrufsrecht. Zahlungsziel: 14 Tage nach Rechnungserhalt.
Anbieter des Abonnements ist Gruner + Jahr GmbH. Belieferung, Betreuung und Abrechnung erfolgen durch DPV Deutscher Pressevertrieb GmbH als leistenden Unternehmer.

Hier schwitzen Sie in der ersten Reihe: Das »Gambrinus Beach« gilt mit seinen gepflegten Reihenhaus-Kabinen seit Anfang der 1950er als eines der nobelsten Strandbäder in Lido di Ostia

VOR DER HÜTTE

Der Strand liegt vor der Haustür: Wenn die Römer ans Meer wollen, fahren sie in Badeorte wie Lido di Ostia oder Fregene. Laut ist es hier, eng, eher praktisch als schön. Aber für viele Familien seit Generationen ein heiß geliebtes, typisch italienisches Stück Sommer

TEXT **Annette Rübesamen** FOTOS **Rocco Rorandelli**

1

2

(1) Schmachtende Blicke hinter einer Klappliege: Das Freibad »Kursaal Village« in Lido di Ostia verspricht einen relaxten Sommertag – nur bei der Wassergymnastik muss man sich abstrampeln (2)

3

LICHT UND

(3) Die Kehrseite von Ostia: ein aufgegebenes Lokal, das schon mal bessere Tage gesehen hat.
(4) Die eleganten weißen Strandhütten beim Restaurant »La Vecchia Pineta« erheben sich auf Pfählen über dem Meer

4

5

6

SCHATTEN

(5) An den öffentlichen Stränden von Ostia fehlen zwar Pools und Restaurants, das tut der guten Stimmung aber keinen Abbruch. (6) Die Sonne scheint schließlich auch hinter der Absperrung, (7) Boote und Planen spenden Schatten. (8) Der Sprung vom ikonografischen Turm des Architekten Pier Luigi Nervi im »Kursaal« bleibt zahlenden Gästen vorbehalten

7

8

Das Ferienquartier, in dem Fulvia, 44, und Mario Proietti, 47, aus Rom seit 20 Jahren ihre Sommer verbringen, ist eine kleine Holzkabine mit Spitzgiebeldach. Sie liegt sechs Kilometer von der Stadtwohnung der Proiettis entfernt im Strandbad »Kursaal Village« und quillt über von bunten Handtüchern und nassen Bikinis, Schwimmflossen und Fußbällen, halb leeren Sonnenölflaschen und Stapeln von Wegwerfgeschirr.

Eine Innendusche gehört zur Hütte und eine überdachte Außenterrasse, auf der tagsüber eine Sitzgruppe aus weißem Plastik arrangiert wird. Den Sand gleich vor der Terrasse beschattet ein großer Sonnenschirm, vier Strandliegen sind ebenfalls im Miet-Mobiliar inbegriffen. 4000 Euro kostet die Kabine für die gesamte Saison, davon könnten die Proiettis mit ihren zwei halbwüchsigen Söhnen auch chic nach Formentera ins Hotel fliegen. »Aber warum sollten wir?«, fragt Fulvia verständnislos, rückt sich auf ihrem Liegestuhl in eine bequemere Position und steckt die grüne Gucci-Sonnenbrille in die langen braunen Haare. »Was sind schon zwei Wochen gegen den ganzen Sommer?«

Der Sommer ist lang im Süden. Drei Monate dauern allein die italienischen Schulferien, von Mitte Juni bis Mitte September. In diesen vielen Wochen packt Fulvia in ihrer Wohnung im römischen Vorort Casal Palocco jeden Morgen eine Kühltasche mit Mittagessen – kalte Pasta, Schinken, Tomaten, frisches Obst –, sammelt ihre Söhne ein und fährt ans Meer in die Ferien. Morgens ein halbes Stündchen im Kleinwagen hin, abends ein halbes Stündchen zurück. Jeden Tag aufs Neue, den gesamten Sommer lang. Mario, ihr Mann, stößt im August dazu, wenn er bei der Eisenbahnverwaltung Urlaub hat, ansonsten am Wochenende und manchmal spontan nach der Arbeit. »Ich mag diese Monate«, schwärmt die freiberufliche Übersetzerin. »Die Jungs sind an der frischen Luft; wir haben unsere Freunde hier, die jeden Sommer wiederkommen, so wie wir. Was will man mehr?«

Alle Italiener lieben das Meer – keine Überraschung bei fast 8000 Kilometer Küste –, und die Römer haben das ihre gleich im Westen vor der Haustür. Während Mailänder und Turiner teure Zweitwohnungen in Ligurien und der Toskana erwerben und kostbare Urlaubszeit

An Hundstagen besonders beliebt: Wenige Kilometer südöstlich von Lido di Ostia liegt, gesäumt von einem Dünenband, der öffentliche Strand von Castel Porziano

im Stau auf der Autobahn verbringen müssen, mietet der Römer eine Strandkabine und reist spontan mit dem Vorortzug an. *Il mare dei romani*, das ist ein ungefähr 60 Kilometer langer Sandstreifen, den die Römer frequentieren wie unsereins den Baggersee: spontan, geräuschvoll, amüsierwillig. Und ohne allzu große romantische Ansprüche.

Die Badeorte heißen Passoscuro und Fregene, Lido di Ostia und Torvaianica. Schön sind sie alle nicht, eher moderne, lang gezogene Siedlungen, die Mitte des 20. Jahrhunderts nach der Trockenlegung der malariaverseuchten Sumpfgebiete an der Küste entstanden. Schnurgerade Straßen und Flachdachwohnblocks prägen das Bild, im gutbürgerlichen Fregene auch elegante Ferienvillen unter ausladenden Zedern. Mitten zwischen den Badeorten der Römer liegt Italiens größter Flughafen, Fiumicino. Die glitzernden Flugzeuge, die über dem Meer steil in den Himmel steigen, gehören zur sommerlichen Badekulisse wie anderswo die Kitesurfer.

Das Strandbad der Familie Proietti liegt in Lido di Ostia. Ostia ist ein großer, dicht besiedelter Stadtteil von Rom, mit S-Bahn-Anschluss, Hochhäusern und zugeparkten Straßen, in denen sich der Asphalt über den Wurzeln der allgegenwärtigen Schirmpinien zu wilden Buckeln wölbt. Man sieht erschöpfte Mütter Einkaufstüten vom Discounter nach Hause schleppen – und es gibt große Probleme mit organisierter Kriminalität, Neofaschismus und Arbeitslosigkeit, ganz abgesehen davon, dass Bars, Pavillons und Sporthallen mancher Strandbäder ohne Baugenehmigung errichtet wurden und nun die Gerichte beschäftigen. Anzeichen für heiteres Badeleben? Man muss ein bisschen genauer hinschauen: Hier der liebevoll gepflegte, altmodische Vergnügungspark »Paradiso dei Bambini« mit Karussells und stoffbezogenen Schaukelgiraffen unter Plastikpalmen, dort, auf einer Parkbank, drei Rentnerinnen, die aus den südlichen Arbeitervororten Roms für einen Tag ans Meer gereist sind und zufrieden an ihren Eiswaffeln schlecken.

Wer ans Wasser will, muss erst eine vierspurige Straße überqueren und steht dann vor einer kilometerlangen Wand. Strand und glucksende Wellen, weißer Sand und Kinderjubel, der Duft nach Sonnenmilch und das römische Badeleben überhaupt – all das liegt dahinter verborgen, hinter den Verteidigungsmauern der *stabilimenti* – →

mächtige Badeanstalten, die »Tibidabo Beach« heißen und »Gambrinus«, »Vecchia Pineta« und »Sporting Beach«. Befestigte (und oft schwarz errichtete) Sommerstädte mit Bars und zweistöckigen Restaurants, Kinderclubs und Kajakschulen, mit Boutiquen für Strandmode und Spa-Kabinen für eine schnelle Massage zwischen zwei Sonnenbädern. Der Pool des »Kursaal Village« ist so groß, dass man darin eine Schwimm-WM ausrichten könnte. Der gewaltige Sprungturm darüber, eine Arbeit des Modernismus-Architekten Pier Luigi Nervi aus den 1950er-Jahren, gilt mit seiner kreisrunden roten Umfassung als Wahrzeichen des Lidos von Ostia.

Öffentliche Strände sind rar in Ostia – die Betreiber der *stabilimenti* und ihre Freunde in der Stadtverwaltung halten nichts davon, dass es sich Gäste unter dem eigenen Sonnenschirm kostenlos bequem machen. Auf dem freien Strand, der *spiaggia libera* vor dem ehemaligen Kinderferienheim, rekeln sich lediglich ein paar osteuropäische Touristen auf ihren Handtüchern zwischen den rostigen Strandduschen. Kein Vergleich zu dem makellosen Glanz des »Kursaal Village«, wo die Proiettis, nachdem sie dem wachhabenden Bademeister hinter dem Eingangstor ihre Saison-Lichtbildausweise hingehalten haben, über geschwungene Ziegelwege zwischen Buchsbaumhecken zu ihrer Hütte im Sektor D streben.

Die Kabinen in den römischen Badeorten sind im Stil von Reihenhaussiedlungen angelegt und gruppieren sich um sauber geharkte Sandflächen wie um einen Innenhof, der sich zum Meer hin öffnet und in dem statt Bäumen die Rümpfe von Sonnenschirmen aus dem Boden wachsen. Hier trocknen Badehosen an der Leine, brutzeln die Dauergäste auf ihren Liegestühlen, spielen Teenies Karten, während Opa im Schatten ein Schläfchen hält. Es gibt Katzen. Und alle kennen sich seit Jahren. Alles genau wie zu Hause. »Es fühlt sich gut und sicher an«, schwärmt Fulvia, »auch wegen der sozialen Kontrolle.«

Die nimmt gegen Abend jedoch ab. Wenn die Schatten länger werden und sich die Proiettis und die anderen Familien auf den Heimweg machen, verwandelt sich der Strand der Römer in ihre Feiermeile. In Badeanstalten wie dem »Singita« in Fregene oder der »V Lounge Beach« in Lido di Ostia lagert auf in den Sand gebreiteten Decken oder in Cabanas hinter wehenden Leinenvorhängen jetzt der

FEIERN UNTERM VOLL

(1) Abends gehen Mond und Neonlichter über Ostias Bäderkulisse auf. (2) Dann übernimmt das schicke Partyvolk, das in den Lounges und Bars feiert

1

römische Nachwuchs. Schön, laut und lebensfroh, mit Frascati oder Spritz im Glas, und schnabuliert zu Loungeklängen Frittiertes aus Drahtkörbchen. Dolce-Vita-Szenen, die den lodernden Sonnenuntergängen im Tyrrhenischen Meer Konkurrenz machen. Erst recht, wenn noch kahlköpfige Angebertypen im aufgeknöpften Hemd auftauchen, deren aufgespritzte Begleiterinnen selbst im Sand ihre High Heels nicht ausziehen.

Die Römer waren eben schon immer mehr Plebejer als Patrizier. *Il mare dei romani* zählt nicht zu den elegantesten italienischen Urlaubsadressen, obgleich zumindest Fregene mit seiner aufpolierten Meerespromenade auch bei VIPs aus Fußballwelt und Fernsehen beliebt ist. Den alten Adel, die Industriellen und die Kulturelite zieht es dagegen an etwas fernere Gestade. Nach Sabaudia etwa, das auf halber Strecke nach Neapel liegt. Oder sie weichen nach Norden in die Maremma aus, wo sich das Örtchen Capalbio zur Sommerresidenz für intellektuelle Römer mit Geld entwickelt hat. Capalbio allerdings liegt bereits in der Toskana. Und das ist eine ganz andere Geschichte. ◐

Relaxen wie die Römer

HINKOMMEN

Der Weg nach Lido di Ostia

Wer von Rom aus zum Meer möchte, braucht kein Auto: Vom Hauptbahnhof Termini mit der U-Bahn zur Station Piramide fahren, dort zum Bahnhof Porta San Paolo wechseln und mit dem Zug in gut 30 Minuten bis Lido Centro fahren. Und das Beste daran: Das One-Way-Ticket kostet nur 1,50 Euro.
55 *Lido Centro, Piazzale della Stazione del Lido*

SCHLAFEN

€ Barocchetto Romano

Nur einen Katzensprung vom Strand entfernt liegt das hübsche Bed & Breakfast von Perla und Riccardo Tedde. Eine romantische Terrasse mit Blick aufs Meer gehört auch dazu.
56 *Lido di Ostia, Via Lucio Coilio 38, Tel. 340-156 67 64, www.barocchettoromano.com, DZ/F ab 40 €*

€ Occidental Aran Blu

Das komfortable Kettenhotel liegt direkt an der Strandpromenade. Schickes Design in Grautönen, die Zimmer alle mit Balkon. Vorn raus guckt man aufs Meer, hinten in die Wohnzimmer römischer Familien. Auch interessant!
57 *Lido di Ostia, Lungomare Duca degli Abruzzi 72, Tel. 06-56 34 02 25, www.barcelo.com, DZ ab 60 €*

€ Le Dune

In die Jahre gekommenes Badehotel – aber diese einzigartige Lage direkt am Strand! Der Gast fällt direkt vom Frühstücksbuffet auf seinen Liegestuhl.
58 *Sabaudia, Via Lungomare, Tel. 0773-512 91, www.ledune.com, DZ/F ab 99 €*

ESSEN & TRINKEN

Il Curvone

Coole Bar für alle, die morgens bei einem Cappuccino aufs Meer schauen wollen, mittags bei einem Teller Pasta, zum Aperitif mit Bier und einer Tüte mit frittierten Tintenfischchen. Gleich daneben: einer der raren frei zugänglichen Strandabschnitte.
59 *Lido di Ostia, Piazzale Magellano, Tel. 393-924 43 56*

Lega Navale

Spaghetti alle vongole, sautierte Miesmuscheln oder knuspriges Fritto misto – im Restaurant des Segelvereins gibt es Köstliches aus dem Meer. Offiziell nur für Mitglieder, inoffiziell für jedermann.
60 *Lido di Ostia, Lungomare Caio Duilio 36, Tel. 06-56 47 04 74, www.leganavaleostia.it*

Hand Made Fregene

Verstecktes Bistro etwas ab vom Schuss. Der junge Chef peppt italienische Klassiker raffiniert auf; dazu serviert er feine Weine und selbst gebackenes Brot.
61 *Viale della Pineta di Fregene 52, Tel. 06-66 56 20 63, www.handmadefregene.it*

Bar Italia

Hier kommen alle vorbei: die Arztgattin mit riesiger Fendi-Sonnenbrille und Goldarmbändern, die Paare mit den Kids in Designerklamotten, Pensionäre zum Schachspiel. Einfach hinsetzen und bei Lemonsoda und Tramezzino italienische Ferienszenen gucken.
62 *Sabaudia, Piazza del Comune 14, Tel. 0773-51 14 22*

BADEN

I Cancelli

Wer nicht ins Strandbad mag, der geht zu den Cancelli: Der fünf Kilometer lange wilde Dünensandstrand zwischen Ostia und Torvaianica ist beliebt bei Kitesurfern, Nudisten, Hippies, Studenten, kinderreichen Familien, schrägen Vögeln. Es gibt ein paar Sanitäranlagen und Kioske.
63 *Strada Provinciale 601, zwischen Lido di Castel Fusano und Campo Ascolano*

ERLEBEN

Parco letterario Pasolini

Kleiner Gedächtnispark zu Ehren des Poeten und Regisseurs Pier Paolo Pasolini, der auf dieser Wiese in Ostia 1975 gewaltsam zu Tode kam; bis heute ist das Verbrechen nicht vollständig aufgeklärt. Der Park liegt auf dem Gelände eines Vogelschutzgebietes.
64 *Lido di Ostia, Via dell' Idroscalo 170, tgl. 9–17 Uhr*

Sie durchschauen das italienische Polittheater nicht mehr?
Wir buchstabieren die wichtigsten Schlagwörter durch

Das ABC der italienischen Politik

TEXT Oliver Meiler

Bruderkuss auf Italienisch: Ein Straßengemälde in Rom verhöhnt die politische Verbindung zwischen Luigi Di Maio (l.), Movimento 5 Stelle, und Matteo Salvini, Lega Nord, als innige Liebe: »Amor populi«. Ihre Parteien stellen seit Juni 2018 die Regierung

A **ANDREOTTI, GIULIO**
Der römische Christdemokrat, 1919 bis 2013, wurde wegen seines gewieften und zynischen Machtstrebens auch Beelzebub genannt. Keiner war seit 1946 öfter Ministerpräsident als er, nämlich siebenmal. Keinen umrankten mehr Mythen.

B **BERLUSCONI, SILVIO**
Der Mailänder Medienunternehmer wechselte 1994 in die Politik. Viermal war er Ministerpräsident, seine privaten Fernsehsender setzte er stets als Propagandakanäle ein. Nach einer Verurteilung wegen Steuerbetrugs 2013 wurde er mit einem mehrjährigen Ämterbann belegt. Weltberühmt wurde B. auch wegen seiner »Bunga bunga«-Partys mit jungen Damen.

C **CINQUE STELLE**
Zu Deutsch: Fünf Sterne. Die systemkritische Bürgerbewegung wurde 2009 vom Komiker Beppe Grillo gegründet und entwickelte sich in kurzer Zeit zur größten Partei im Land. Da sie sich dem Links-rechts-Schema entzog, lockte sie stets Wähler aller Parteien an. Seit Juni 2018 bildet sie eine Koalitionsregierung mit der rechtsnationalen Lega Nord.

D **DEMOCRAZIA CRISTIANA**
Kurz: DC. Die Partei regierte Italien erstmals nach dem Zweiten Weltkrieg und blieb nahezu ohne Unterbrechung bis 1994 an der Regierung beteiligt. Sie war so mächtig und kirchentreu, dass man sie auch »Balena bianca« nannte, »Weißer Wal«. Sie ging im Sumpf großer Korruptionsskandale unter.

F **FASCHISMUS**
Vom italienischen Wort *fascio:* Bund. Benito Mussolini gründete die nationalistische Bewegung 1919, vier Jahre später trug sie ihn an die Macht. Der *Duce* – der Führer – regierte bis 1943. Seine Allianz mit Hitler wurde ihm zum Verhängnis.

G **GARIBALDI, GIUSEPPE**
1807 bis 1882, General und Dichter, Nationalheld und Vater der italienischen Einigungsbewegung, des Risorgimento. Mit dem »Zug der Tausend«, einem Marsch von tausend freiwilligen Kämpfern, die er befehligte, eroberte G. 1860 das bourbonische Königreich beider Sizilien und machte so die Einigung Italiens möglich.

H **HOTEL RAPHAËL**
Mit Efeu behangenes Luxushotel, bei der Piazza Navona. Der Mailänder Bettino Craxi, Chef der Sozialisten und ehemaliger Premier, stieg immer im »Raphaël« ab, wenn er in Rom war. Als bekannt wurde, dass er korrupt war, warfen aufgebrachte Bürger mit Münzen nach ihm.

I **INCIUCIO**
Das Wort steht für unziemliche politische Techtelmechtel unter vermeintlichen Rivalen im Parlament. Wer sich beliebt machen will, gelobt vor der Wahl, dass er allen »inciuci« entsagen werde, wenn er mal gewählt sei.

K **KORRUPTION**
Eine nie überwundene Plage im Kleinen wie im Großen, vor allem aber an der Schnittstelle zwischen Politik, Verwaltung und Unternehmertum. Als Symbol des Systems gilt der Skandal »Tangentopoli« zu Beginn der 1990er-Jahre (wörtlich: Stadt der Schmiergeldaffären, gemeint war Mailand). Als Folge der Prozesse verschwanden einige der größten Parteien im Land, auch die DC.

L **LAIZISMUS**
Politiker, die dieser Ideologie anhängen, verbitten sich die traditionell starke Einmischung des katholischen Klerus in politische und gesellschaftliche Angelegenheiten. Es gibt sie im rechten wie im linken Lager.

M **MEZZOGIORNO**
So nennen die Italiener ihren Süden, der unterhalb der Region Latium beginnt. Das große wirtschaftliche Gefälle zwischen dem reichen Norden und dem armen Süden – die »Questione del Mezzogiorno« – ist das größte ungelöste Problem des Landes.

O **OLTRETEVERE**
Wörtlich: jenseits des Tibers. Der Vatikan, der damit in seiner ganzen politischen Dimension gemeint ist, liegt an der westlichen Uferseite des Flusses. Die weltlichen Institutionen Italiens (und Roms) befinden sich auf der östlichen Tiberseite.

P **PARTITOCRAZIA**
Die Herrschaft der Parteien. Sie war nie stärker und verpönter als zur Zeit der Ersten Republik, 1946 bis 1994. Damals wurde mit einem Proporzmodus gewählt. Das begünstigte das Überleben und den Einfluss kleiner und kleinster Formationen.

Q **QUIRINAL**
So heißt einer der sieben Hügel Roms. Weil dort der Palast des Präsidenten steht, gilt der Name »Quirinale« auch als Synonym für dessen Macht. Während drei Jahrhunderten wohnten die Päpste in dem Palazzo, dann die Könige Italiens, seit 1948 die Staatspräsidenten.

R **RENZI, MATTEO**
Sozialdemokratischer Ministerpräsident von 2014 bis 2016. Auch bekannt als »Rottamatore«, Verschrotter, weil er die bisherige Führungsriege des Partito Democratico für Alteisen hielt. Die Niederlage beim Referendum über eine große Verfassungsrevision im Dezember 2016 wurde ihm zum politischen Verhängnis. Er trat von seinem Amt zurück.

S **SENAT**
Die kleinere Kammer des Parlaments, eine ferne Nachfahrin des Senats im antiken Rom, Bühne vieler Dramen und Intrigen. 315 Mitglieder werden von den 20 italienischen Regionen gestellt, hinzu kommen Senatoren auf Lebenszeit, etwa ehemalige Staatspräsidenten. Der Senat verfügt über die exakt selben Befugnisse wie die große Kammer, das Abgeordnetenhaus Camera dei Deputati.

T **TRASFORMISMO**
Der Wankelmut italienischer Politiker ist unerreicht: In der XVII. Legislaturperiode, von 2013 bis 2018, gab es im Parlament 566 Partei- oder Fraktionswechsel, bisheriger Rekordwert. Beteiligt waren 347 Parlamentarier, also mehr als ein Drittel der Volksvertreter.

Siebenmal war Giulio Andreotti Ministerpräsident und an 33 Regierungen beteiligt

U **UOMO FORTE**
Der Ruf nach dem »starken Mann«, der für Ordnung im Chaos sorgt, ist ein alter Reflex in Italien. Spielt sich dann aber ein Politiker wie ein *uomo forte* auf, wirft man ihm schnell vor, den *Duce* raushängen zu lassen.

V **VOLONTARIATO**
Die Italiener sind ein hilfsbereites Volk: Sieben Millionen betätigen sich aktiv als Ehrenamtliche und kompensieren so manche Defizite des Staats.

Libertas – Freiheit – fordert das Wahlplakat der Democrazia Cristiana von 1948

W **WANDELHALLE**
Im prächtigen Korridor des Palazzo Montecitorio in Rom, dem Sitz der Abgeordnetenkammer, besprechen die Herrschaften *Onorevoli*, die Deputierten, ihre ehren- und nicht so ehrenhaften Geschäfte. Der Gang erinnert an die Salons der alten Handelsschiffe und wird darum auch »Transatlantico« genannt.

Y **Y, GENERATION**
Sie ist auch als verlorene Generation bekannt, weil die jüngste Wirtschaftskrise Italiens Jugend besonders hart getroffen hat: Mehr als 30 Prozent der jungen Menschen sind arbeitslos und kämpfen mit prekären Zukunftsperspektiven.

Z **ZERO VIRGOLA**
Übersetzt: null Komma. Ein beliebter Ausdruck, um den politischen Gegner wegen seines Wahlresultats im unteren Prozentbereich ganz kleinzureden.

NEUER GLANZ FÜR ALTE MEISTER

Wiege der Renaissance, Hochburg der Architektur, Zentrum der Kunst: Florenz trägt eine besondere Verantwortung, wenn es um den Erhalt wertvoller Kulturschätze geht. In einem weltberühmten Institut in der ehemaligen Festung werden Werke von Raffael oder Leonardo da Vinci restauriert – mit Hightech und Fingerspitzengefühl

TEXT **Kia Vahland** FOTOS **Guido Cozzi**

Die drei Grazien (l.), ein Ausschnitt aus Botticellis Gemälde »Der Frühling«, hängen in den Uffizien. Sie sind nur knapp 40 Jahre jünger als die 1436 errichtete Kuppel des Doms von Florenz

Ruhestätte der großen Künstler: Die Basilika Santa Croce wurde im 13. Jahrhundert begonnen; die Fassade stammt aus dem 19. Jahrhundert. Die Kirche beherbergt die Gräber von Berühmtheiten wie Galileo Galilei und Michelangelo

Hohe Kunstfertigkeit: Im Institut Opificio delle Pietre Dure frischen rund 40 Restauratoren wertvolle Renaissancewerke auf. Speziallicht sorgt dafür, dass ihnen kein Fleckchen entgeht

H

IER ALSO VERBRINGT DIE FRAU IHRE TAGE, die den Werken der Renaissancemeister so nahe kommt wie kaum jemand: in einer Festung. Am Rand der Florentiner Altstadt erhebt sich die Fortezza da Basso, ihre Mauern sind dick und hoch, sie sollten im 16. Jahrhundert die Herrscher über Florenz vor einem möglichen Volksaufstand schützen. Jetzt schützen sie kranke Kunstwerke. Gemälde, die im Laufe der Zeit schmutzig geworden sind, deren Holz spannt oder deren Farbe reißt. Die Chefärztin der Bilder heißt Cecilia Frosinini, 62, Kunsthistorikerin, eine gestandene Signora mit silbrigem Pagenkopf und dem Temperament einer Macherin. Seit 1990 arbeitet sie im Restaurierungsatelier Opificio delle Pietre Dure. Die »Werkstatt für harte Steine« gibt es seit 1588, als sie als künstlerische Manufaktur gegründet wurde. Heute gilt das Institut als eines der renommiertesten der Welt.

Es ist der rechte Ort für eine Bilderklinik. Von der Fortezza da Basso führt ein kurzer Spaziergang durch die Sonne ins Herz der Stadt, in der die Renaissance ihren Ausgang nahm – die Wiederbelebung und Neuerfindung der Errungenschaften der Antike. Die mittelalterlichen Gassen sind schmal und dunkel, in der Ferne wölbt sich die mächtige Domkuppel, das Wahrzeichen von Florenz. Als der Baumeister Filippo Brunelleschi im 15. Jahrhundert in einer technischen Meisterleistung dem Dom die rote Kappe aufsetzte, war die geschäftstüchtige Republik Florenz ein Ideenlabor. Künstler, Denker, Architekten beflügelten sich gegenseitig. Zwischen den Kirchen mit ihren bunten Fassaden wuchsen elegante Renaissancepaläste. Und reiche Kaufleute füllten sie mit Gemälden, Wandteppichen und Skulpturen von heimischen Künstlern. Ein guter Teil dieser Schönheit ist bis heute in Florenz zu sehen, in den Museen, den Palästen, den Kirchen. Und wenn die Pracht einmal bröckelt, Skulpturen an Form verlieren, Gemälde verfärben, finden die Werke ihren Weg zu Frosinini und ihren Kollegen ins staatliche Institut in der Fortezza da Basso.

Im fabrikhallenhohen, nach alter Ölfarbe duftenden Saal der Festung am Rand der Altstadt paaren sich Renaissancewerkstatt und Großraumbüro. Es ist erstaunlich ruhig; jeder der insgesamt rund 40 Restauratoren, die hier arbeiten, tut dies konzentriert und sehr langsam: Jeder neue Pinselstrich könnte ein Meisterwerk beschädigen und muss genau geplant werden. Bevor die Arbeit an der Staffelei beginnt, werden die Bilder monatelang am

Manchmal ist es ein Kreuz mit der Kunst: In der Werkstatt steht die »Pietà di Luco« aus dem 16. Jahrhundert vor einer Kreuzigungsdarstellung aus dem 14. Jahrhundert

Computer und im Labor untersucht. Entlang der Wände stehen Hightech-Maschinen zur Vorbereitung und Auswertung der Restaurierungen. In der Mitte der Halle erheben sich auf breiten Holzstaffeleien große Werke von Giovanni Bellini, Beato Angelico und, gleich neben dem Eingang: Raffaels »Papst Leo X.« mit zweien seiner Kardinäle. Nach gut 500 Jahren sind die Schutzschichten auf dem 1,55 mal 1,19 Meter großen Gemälde nachgedunkelt, das Gewand des ersten Medici-Papstes schmuddelt statt tiefrot zu leuchten, das Inkarnat, die Farbe der Haut, wirkt matt und gräulich statt rosig fleischfarben. Das Bild des Papstes und der Kardinäle, die gleichzeitig seine Cousins sind, symbolisierte einst Machtanspruch und politische Reichweite. Jetzt verbreitet es Tristesse.

Der »Papst«, gerade erst angekommen im Krankensaal für Bilder, muss von den Restauratoren noch gründlich untersucht werden. In welchem Zustand ist das Holz, wie alt sind die Tempera-Pigmente? Welche Spuren von Original-Farbe und späterer Pinselstriche offenbaren Röntgenbilder? Gut zwei Jahre wird das Gemälde bleiben, bevor es an seinen Stammplatz in die Florentiner Uffizien zurückkehren kann.

Werke von Raffael sind kein allzu schwerer Fall, die Pinselführung des Meisters ist gut verständlich. Ganz anders sein Vorbild, Leonardo da Vinci. Der war haltlos in seinen Experimenten. Er häufte Figuren auf seinen Bildern, übermalte sie wieder, versuchte sich an ungewöhnlichen Farbmischungen. Seine irrlichternde Malweise ist heute nur noch schwer nachzuvollziehen. Fünf lange Jahre war Leonardo da Vincis großes unvollendetes Frühwerk, die »Anbetung der Könige« von 1481, zu Gast in der Festung, Frosininis vielleicht berühmtester Patient, aber wohl auch ihr schwierigster. Im Sommer 2017 entließen die Kunsthistorikerin und ihre Kollegen das sechs Quadratmeter große Ölgemälde geröntgt, gesäubert und geheilt zurück nach Hause, in die Uffizien, das große Bilderhaus der Stadt.

EIN SCHOCK FÜR ALLE, die das Werk vor seinem Klinikaufenthalt kannten. Schließlich hatte die »Anbetung der Könige« für Generationen von Betrachtern das Mysteriöse an da Vincis Kunst versinnbildlicht: das kaum erkennbare →

Neue Farben aufzutragen ist eine Wissenschaft für sich: Ein eigenes Labor untersucht jedes Werk auf seine chemische Beschaffenheit, um alle Nuancen originalgetreu zu restaurieren

Die Kunsthistorikerin Cecilia Frosinini arbeitet seit 1990 für das Opificio. Ihre Spezialität: Gemälde, Papier, Pergament und Wandbilder

Leonardo da Vincis Bild »Anbetung der Könige«, das er 1481 begann, blieb unvollendet. Grob aufgetragene, uralte »Schutzschichten« legten einen dunklen Schleier über das Original

Mammutaufgabe: Fast sechs Jahre lang untersuchten und säuberten die Experten das Werk, Schicht für Schicht. Ergebnis: Seit 2017 leuchtet das Bild, als habe es gerade erst da Vincis Atelier verlassen

Getümmel von dunklen Figuren, die einem sich selbst überfordernden Geist entsprungen schienen, die Heilige Familie im Zentrum, so finster wie die Könige, die ihr Gaben darbringen.

Beweisfotos gefällig? Frosinini durchschreitet schnellen Schrittes den Raum, nickt dem Raffael kurz zu und setzt sich an einen riesigen Bildschirm. Vorher-nachher-Aufnahmen des Da-Vinci-Gemäldes flackern auf: Die einst runzelige Farbhaut des Werks wirkt geglättet, die Konturen der Figuren sind klar, die Pigmente scheinen zu funkeln. Der Baum schimmert grün, der Himmel leicht blau. Frosinini sieht keinen Grund, sich für so viel alt-neue Strahlkraft zu entschuldigen, im Gegenteil: »Stellen Sie sich vor, die Urfassungen von Mozart würden nicht mehr öffentlich aufgeführt. So ist es auch in der Kunst: Unsere Zeitgenossen haben ein Recht zu sehen, wie Leonardo da Vinci wirklich gemalt hat, was er eigentlich zeigen wollte. Deshalb müssen seine Bilder gereinigt werden.«

Das sahen einige Experten vor der Restaurierung anders; sie wollten das Gemälde im Dunkeln lassen. Kunsthistoriker befürchteten irreparable Schäden, wenn alles entfernt würde – der Dreck wie die schützenden Firnisse, die Restauratoren über die Jahrhunderte hinweg auf das Bild aufgetragen hatten, manchmal mit groben Quasten. Doch nach langen Diskussionen vertrauten die Chefs der Uffizien die »Anbetung der Könige« Frosinini und ihren Kollegen an. In Millimeterarbeit gelang es ihnen, das Bild zu reinigen und die ursprüngliche Malerei des Meisters freizulegen. Zutage kamen unbekannte Figuren, noch nicht ausgeführt, aber angelegt. Dabei halfen alte Einkaufszettel aus dem Archiv, die belegten, womit frühere Restauratoren ans Werk gegangen waren, etwa mit Leim und Milch. Diese Schichten mussten entfernt werden.

LEONARDO DA VINCI, der Experimentator, entschied erst beim Malen, welche seiner zahllosen Ideen am Ende noch zu sehen sein würden und welche Figuren dagegen unter weiteren Farbschichten verschwinden mussten. Die »Anbetung der Könige« entwarf er für ein Kloster der Augustiner-Mönche in Scopeto vor den Toren von Florenz. Die Auftraggeber allerdings verzweifelten an den Ambitionen des Künstlers. Vermutlich lieferte er das nie fertiggestellte Bild gar nicht ab. Als er einen Ruf als Hofmaler von Mailand bekam, stellte da Vinci die »Anbetung der Könige« wohl bei Freunden in Florenz unter.

Im Hof des Opificio wartet eine Statue auf ihre Wiedererweckung – flankiert von Säulen, Kapitellen und einem marmornen »M« aus der Mussolini-Zeit

Später kam die Tafel in den Besitz der Familie Medici, die sie den Uffizien gab. Seit der Restaurierung 2017 hängt es nun dort in der Nachbarschaft zu dem anderen bedeutenden Frühwerk des Meisters, der »Verkündigung«.

Einige Jahre nachdem er die Arbeit an der »Anbetung der Könige« abgebrochen hatte, kehrte Leonardo da Vinci nach Florenz zurück und trat im Rathaus, dem Palazzo Vecchio, zum Zweikampf gegen den jungen Michelangelo an. Die beiden in Florenz ausgebildeten Künstler sollten im Auftrag der Stadtregierung um die Wette den Ratssaal ausmalen, auf dass sich zeige, wer der Bessere ist. Doch da Vinci nahm sich wieder zu viel vor. Seine Maltechnik für das Fresko, ein Schlachtengemälde, war so innovativ, dass sie nicht auf Putz haftete. Über Entwürfe kam er wohl kaum hinaus. Es halten sich aber Gerüchte, im Florentiner Ratssaal befänden sich unter einem monumentalen Wandbild des Renaissancemalers Giorgio Vasari noch Spuren von da Vincis Malerei. Seit Jahren streitet die Stadtgesellschaft, ob das Vasari-Fresko durchbohrt werden soll, in der Hoffnung auf den großen Fund.

Cecilia Frosinini schnellt aus ihrem Bürostuhl in der Bilderhalle hoch, ihre Stimme wird energisch. »Wir haben keine historischen Beweise für ein ausgeführtes Fresko von Leonardo da Vinci im Ratssaal. Alles sieht danach aus, dass er an der Wand bloß seine Entwürfe angenagelt hat, die inzwischen verschollen sind.« Sie will Kunstwerke bewahren, nicht neue erfinden.

Und wozu auch. An Original-Meisterwerken mangelt es der Stadt nicht. In den Kirchen sind Bildzyklen von Masaccio und Fra Angelico zu erleben, die Uffizien besitzen Hauptwerke von Sandro Botticelli über Andrea del Sarto bis Caravaggio. Und im Skulpturenmuseum Bargello steht die Skulptur eines jugendlichen David, der gerade Goliath besiegt hat – wahrscheinlich zeigt sie Leonardo da Vinci, der als Lehrjunge seinem Meister Andrea Verrocchio Modell stand, Jahre vor der »Anbetung der Könige«. Warum der verschmitzte Bronzeknabe so glänzt wie frisch gegossen? Auch er war vor einiger Zeit Patient der Werkstatt für harte Steine. Und wurde strahlend entlassen. ◐

Einsatz mit Spritzpistole: Restauratorinnen begutachten ein Steinfragment. Einige Steine dienen zur Ausbesserung beschädigter Mosaike

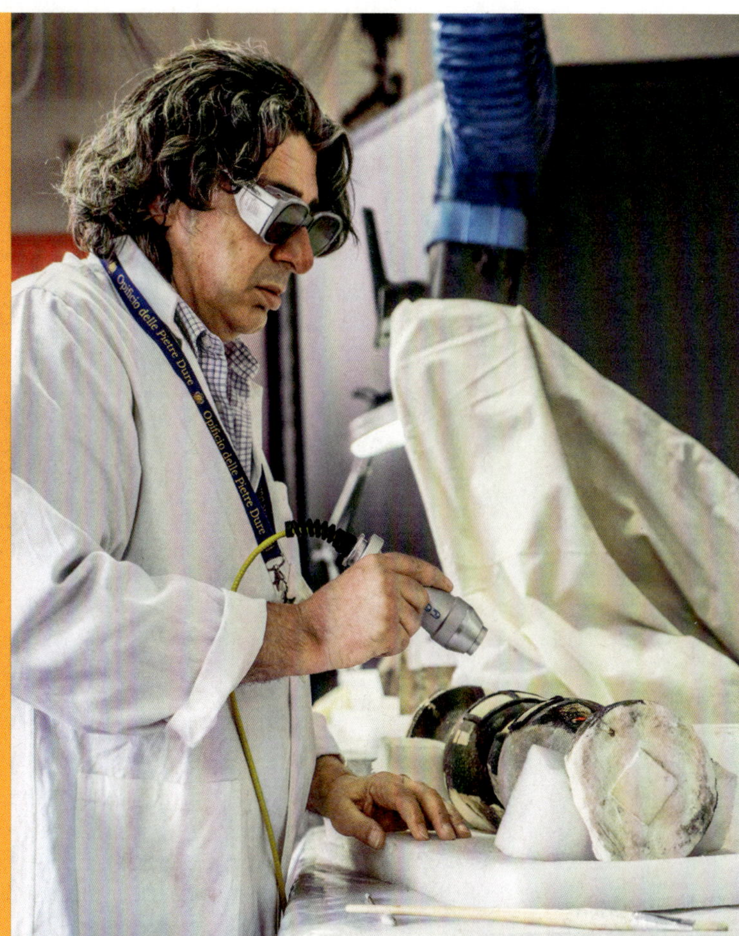

Marmor ist nicht nur wertvoll, sondern auch empfindlich. Mit einem Laser säubert der Fachmann ein Stück, das zu einer Dachterrasse des Doms von Florenz gehört

info / DIE GROSSEN MUSEEN

Allein der Gang durch die Altstadt von Florenz – 1982 zum UNESCO-Weltkulturerbe geadelt – ist wie eine Zeitreise in die Renaissance. Die lässt sich beliebig verlängern und vertiefen: in den großartigen Museen der Stadt

Uffizien

Die Uffizien sind ein Muss für Liebhaber der Renaissance. Leonardo da Vinci ist hier mit mehreren Hauptwerken vertreten, darunter die »Anbetung der Könige« und die frühe »Verkündigung«. Auch große Werke seines Konkurrenten Sandro Botticelli gehören zur Sammlung. Um die langen Schlangen vor der Kasse zu umgehen, unbedingt die Eintrittskarten vorher online buchen – möglich über die offizielle Website.
65 *Piazzale degli Uffizi 6, Tel. 055-29 48 83, www.uffizi.it, Eintritt Erw. 20 € (Hochsaison)*

Palazzo Pitti

Die Galleria Palatina im Palazzo Pitti auf der anderen Seite des Arno ist charmant, weil sie noch wie ein traditionelles Museum gestaltet ist: Gehängt wird nicht nur neben-, sondern auch übereinander, auf alten Wandbespannungen. Zwischen Zweitklassigem blitzen Meisterwerke von Tizian, Artemisia Gentileschi oder Sandro Botticelli auf. Meistens kommt man ohne allzu nervenzehrendes Anstehen hinein.
66 *Piazza de' Pitti 1, Tel. 055-29 48 83, www.uffizi.it/en/pitti-palace, Eintritt Erw. 16 € (Hochsaison)*

Boboli-Gärten

Die Boboli-Gärten hinter dem Palazzo Pitti auf der anderen Arnoseite empfehlen sich bei gutem Wetter unbedingt. Sie sind die grüne Lunge der Stadt. Verspielt ausgestaltete Höhlen wie die Grotta del Buontalenti lohnen einen Besuch. Von den Boboli-Gärten aus kann man weiter zum Giardino Bardini schlendern und im Café hoch oben einen fantastischen Blick über die Stadt genießen.
67 *Piazza Pitti 1, Tel. 055-29 48 83, www.uffizi.it/en/boboli-garden, Eintritt Erw. 10 €*

GRANDE MUSEO DEL DUOMO

Wer Florenz verstehen will, muss den Dom kennen. Die rote Kuppel von Filippo Brunelleschi leitete die Renaissance mit ein; sie ist das Wahrzeichen der Stadt. Leonardo da Vinci erlebte wahrscheinlich als junger Mann, wie die gold schimmernde Kugel auf die Kuppelspitze gewuchtet wurde. Tickets für das neu gestaltete Dommuseum – oben Statuen und Fliesen aus dem Glockenturm – sind erhältlich in Kombination mit Karten für den Turm, die kostenpflichtigen Teile der Kathedrale und das Baptisterium.
72 *Piazza del Duomo 9, Tel. 055-230 28 85, www.museumflorence.com/de/museum, Eintritt Erw. 18 €*

Palazzo Vecchio

Der Palazzo Vecchio ist das historische Rathaus, hier lag in der Renaissance das politische Zentrum der Republik. Leonardo da Vinci konkurrierte im Ratssaal mit Michelangelo, doch sein Schlachtengemälde wurde nie fertig. Vom prächtigen Innenhof führt der Weg ins Obergeschoss, unter anderem zu Werken von Michelangelo, im zweiten Stock in die prunkvollen Privatgemächer der Medici und zu einem überdimensionierten Globus, der zeigt, wie man sich im 16. Jahrhundert die Welt vorstellte. Tickets lassen sich online buchen, erhält man aber auch vor Ort.
68 *Piazza della Signoria, Tel.055-276 83 25, www.tinyurl.com/palazzovecchio-firenze, Eintritt Erw. ab 10 €, Tickets online buchen: bigliettimusei.comune.fi.it*

Bargello

Bargello ist das beste Skulpturenmuseum der Stadt, in dem staatlichen Haus steht eine Statue des biblischen David von da Vincis Meister Andrea del Verrocchio. Sie soll die Züge des jugendlichen da Vinci während dessen Lehrzeit zeigen. Auch Verrocchios Vorbild, Donatellos David-Skulptur, ist hier zu sehen. Tickets online bestellen.
69 *Via del Proconsolo 4, Tel. 055-238 86 06, www.bargellomusei.beniculturali.it, Eintritt Erw. 9 €*

Ospedale degli Innocenti

Das Findelhaus, errichtet vom Renaissancemeister Filippo Brunelleschi, erzählt Sozialgeschichte. Hier wurden Waisenkinder abgegeben, oft Söhne und Töchter von arrivierten Florentinern und armen Frauen oder Sklavinnen. Auch Leonardo da Vinci hätte dieses Schicksal geblüht, wenn die Familie seines Vaters den unehelichen Sohn nicht auf ihrem Landgut in Vinci aufgezogen hätte. Heute zeigt das zum Museum umgestaltete Haus Gemälde, Fresken, Möbel, Miniaturkodizes. Auf dem Dach gibt es ein wunderbares Café. An der Kasse anstehen muss man in der Regel nicht.
70 *Piazza della Santissima Annunziata 12, Tel. 055-203 71, www.istitutodeglinnocenti.it, Eintritt Erw. 10 €*

Accademia

In der Accademia sind einige überlebensgroße Skulpturen Michelangelos zu sehen, allen voran der Original-David, dessen Kopie vor dem Palazzo Vecchio steht. Das Museum ist mindestens so überlaufen wie die Uffizien, ohne Vorbestellung sollte man es gar nicht erst versuchen, wenn man nicht den halben Tag in der Schlange stehen will. Karten gibt es auf der Website des Museums.
71 *Via Ricasoli 58/60, Tel. 055-238 86 09, www.galleriaaccademiafirenze.it, Eintritt Erw. 8 €*

(1) Einst Zuflucht für Findelkinder, heute Hort der Kunst: das Ospedale degli Innocenti. (3) Im Hof des Palazzo Vecchio lohnt der Blick zu den Fresken

(2) Gut behütet steht Donatellos David-Statue aus dem 15. Jahrhundert im Bargello. (4) Das Nordtor im Museo del Duomo zeigt Geschichten aus dem Alten Testament

Im Stadion bekennen Fans von FC Inter mit ihrer schwarz-blauen Choreografie Farbe, vor dem Mailänder Dom zeigen Fans von AC Milan Flagge (r.)

Es geht ein Riss durch Mailand, durch Familien, durch Freundeskreise: Entweder man ist Fan von FC Inter oder von AC Milan. Wenn beide Fußballclubs zweimal im Jahr zum Lokalderby aufeinandertreffen, herrscht Ausnahmezustand. Über die Stunden vor dem Anpfiff und Männer am Rande des Nervenzusammenbruchs

TEXT **Lenz Koppelstätter** FOTOS **Alessandro Rota**

Forza Inter! -

Forza Milan!

Zaungäste: Inter-Fans vertreiben sich die Zeit bis zum Spiel auf ihrem örtlichen Fußballplatz. Mal sehen, ob der Nachwuchs das Zeug zum Profi hat

ROBERTO ZONCA STEHT AM RANDE eines Fußballplatzes, am Rande seines Viertels Lambrate, am Rande des Mailänder Metropolgürtels. Die Autobahn und ein Güterzug dröhnen am südlichen Ende des Platzes. Roberto hat die Finger in den Maschendrahtzaun gekrallt. Sein Blick schweift über das Feld. Flanke. Das Rattern des Zuges übertönt das Pfeifen des Schiedsrichters. Elfmeter? Nein. Stürmerfoul. »Forza Inter!«, grüßt Roberto einen Vater auf der Tribüne. »Forza Milan!«, kontert der Gegrüßte. So wird das den ganzen Tag lang gehen. Gespaltene Stadt.

Mailand im Herbst. Ein Sonntagvormittag kurz nach zehn Uhr. Die Sonne versteckt sich noch hinter der morgendlichen Nebeldecke der Po-Ebene, aber sie wird hervorkommen, ganz sicher, der Schleier wird sich lichten, und der blaue Himmel wird über dem Tag des Derbys hängen. Für einen Mailänder Fußballfan gibt es nur zwei wichtige Termine im Jahr. Nicht etwa Weihnachten und Geburtstag. Sondern Hin- und Rückspiel des Football Club Internazionale gegen die Associazione Calcio. FC Inter gegen AC Milan. Schwarz-Blau gegen Rot-Schwarz. So wie es an diesem Abend sein wird. Um 20.45 Uhr. Im stadteigenen Stadio Giuseppe Meazza im Nordwesten der Stadt. Den Interisti gehört die Nordkurve, den AC-Fans die Südkurve. Echte *tifosi* – echte Fans – umrunden das Stadion ihr Leben lang nicht, sie haben auf der anderen Seite nichts zu suchen.

Noch sind es rund zehn Stunden bis zum großen Derby. Noch steht Roberto Zonca am anderen Ende der Stadt. Am kleinen Fußballplatz zwischen den Stadtrandvierteln Lambrate, Segrate und den Gleisen. Er schaut nervös auf die Uhr. Die Herbstsonne hat sich durch die Wolken gekämpft und kitzelt die Gesichter der Spielereltern auf der Tribüne. Robertos 13-jähriger Sohn Nicolò kickt hier dreimal die Woche. Heute nicht, heute spielt die Altersklasse über Nicolò. Roberto will nur mal schauen, ob der zukünftige Trainer von Nicolò taktisch was drauf hat. Montags spielt Roberto selbst. Mit seinen Jungs von der Arbeit. Der 48-Jährige arbeitet als Techniker im Straßenbau.

ROBERTO LÖST SICH VOM ZAUN und spaziert in Richtung des Clubhauses. »In diesen Stunden geht es um Ablenkung«, sagt er, »sonst denkst du die ganze Zeit nur an das Derby. An die Mannschaftsaufstellung. An die Taktik. Da musst du raus. Da musst du unterwegs sein, um nicht verrückt zu werden.« Gemeinsam mit Franco Baldassarre, dessen Söhnen und Diego Mutinelli trinkt Roberto noch einen Espresso. Franco ist 51 Jahre alt, Mechaniker, Robertos bester Freund. Er wohnt auch in Lambrate, in seinem Keller hortet er Inter-Reliquien. Signierte Trikots, Fahnen, Plastikfiguren legendärer Spieler. Der 35-jährige Diego ist ein entfernter Cousin Robertos. Zu fast jedem Heimspiel reist er mehr als 300 Kilometer aus einem Dorf in den norditalienischen Alpen an. Im Clubhaus blättern die drei in der »Gazzetta dello Sport«. Spielprognosen schwarz auf rosa. »Ein Hörnchen? Ein frisch gepresster Orangensaft?«, fragt der Barista. Roberto schüttelt den Kopf. Er fasst sich an den Bauch. Ein leichtes Ziehen in der Magengegend. Derbyschmerz.

→

Roberto Zonca (M.) mit Freunden im Stadion, wo Inter und Milan aufeinandertreffen – vor gut 78 000 Fans

Das Mailänder Derby kennt viele Helden. Die größten unter ihnen sind Heldinnen. Laura Zonca steht in der Küche ihrer Wohnung, zerteilt eine Zwiebel und schneidet sie zu kleinen Würfeln. Dann rührt sie den Sugo. Sie hat Roberto weggeschickt. Sie weiß, er hätte es zu Hause nicht ausgehalten. Sie hätte ihn nicht ausgehalten. Laura hat auf dem kleinen Balkon die Antipasti hergerichtet. Grobe Mailänder Salami, münzgroße Pizzastückchen, knackige Essiggürkchen, Olivenbrot, Peperonata.

Beweise einer großen Liebe: (1) Roberto Zonca sammelt Eintrittskarten; (2) in seinem Sportclub sind die Wände mit Mannschaftsfotos tapeziert. (3) Robertos Freund Franco Baldassarre (2. v. l.) hat seinen Keller zum Devotionalienschrein für Inter Mailand umgebaut

ROBERTO IST AUF DEM WEG NACH HAUSE. Er kauert tief im Fahrersitz seines Hyundai Terrace, er fährt durch Lambrate. Hier ist er geboren und aufgewachsen. »Hier haben einst nur Fabriken gestanden«, sagt er. Faema hat hier früher Kaffeemaschinen hergestellt. Der berühmteste Sohn des Viertels ist kein Fußballer, sondern einer der bekanntesten Gangster Italiens. Renato Vallanzasca, in den 1970er-Jahren Herrscher über die Mailänder Unterwelt, das große Geld, schöne Frauen, goldene Uhren, Ferraris und Lamborghinis. Heute: Gefängnis. Im Autoradio reden sich zwei ernste Männer die Kehlen heiser. Sie diskutieren über die anstehenden Nachmittagsspiele. Neuneinhalb Stunden noch bis zum Anpfiff.

Am 9. März 1908 gründeten einige Spieler des seit 1899 bestehenden »Milan Cricket and Football Club« den »Football Club Internazionale«, weil sie mit der damaligen Vereinsregelung nicht einverstanden waren, keine weiteren Ausländer in die Mannschaft aufzunehmen. Damit begann die Rivalität. Beide Vereine wurden seitdem 18-mal Meister. Der AC Milan holte fünfmal den Italienpokal, Inter siebenmal. Milan konnte siebenmal die Champions League gewinnen, Inter dreimal. Mailand ist damit die einzige Stadt, die zwei Champions-League-Sieger beheimatet.

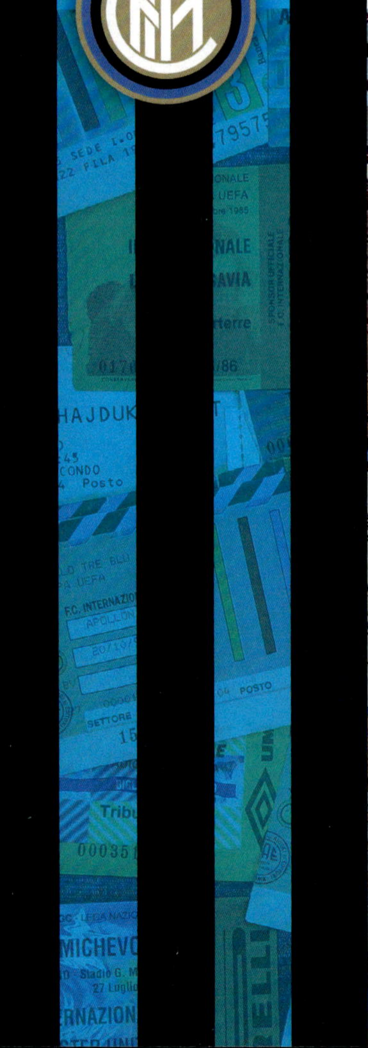

1

2

3

EINST WAR MILAN DER ARBEITERVEREIN, Inter der Club der Boheme. In den zurückliegenden Jahrzehnten prägten zwei schillernde Unternehmerfiguren das Mailänder Fußballgeschehen. Seit Mitte der 1980er-Jahre stand Silvio Berlusconi – Baulöwe, Medienunternehmer, später Ministerpräsident – an der Spitze des AC Milan. Massimo Moratti, Öl-Tycoon, kaufte Inter Mitte der 1990er-Jahre, sein Vater Angelo hatte die Geschicke des Vereins bereits in den 1950er- und 1960er-Jahren geleitet. Zuletzt wurden beide Clubs an internationale Investoren verkauft.

Auch wenn Berlusconi politisch rechts steht, Moratti eher links, ist es in Mailand keine politische Entscheidung, mit welcher Mannschaft man mitfiebert. Es ist meist eine Frage der Familientradition. Die Söhne der ersten Interisti wurden ebenfalls Interisti, die Söhne der Milanisti folgten ihren Vätern. Man sucht sich seinen Verein nicht aus in Mailand. Man wird da in etwas hineingeboren, hineingesogen, Schwarz-Blau oder Rot-Schwarz, es gibt kein Dazwischen. Wenn da nur die Liebe nicht wäre. Nicht die zum Fußball, die andere. »Robertos Vater war ein sehr höflicher Mann. Er hat mich sofort im Kreise seiner Familie aufgenommen, obwohl er wusste, dass mein Vater Milanista ist«, sagt Laura. »Nur als das Derby nahte, wurde er unerträglich, noch unerträglicher als Roberto. Er sprach nicht mehr. Und er wollte, dass auch um ihn herum niemand mehr spricht. Nicht nur Stunden vor dem Spiel. Tage!«

Der Duft von gebratenen Zwiebeln dringt aus der Küche der Zoncas. Nicolò schaut fern. Cartoons. Mit Chiara, seiner kleinen Schwester. Sie stecken in schwarz-blauen Inter-Trikots und sitzen auf einer Couch unter einer schwarz-blauen Inter-Decke. Opa Ignazio setzt sich neben sie. »Ich schenke euch zwei meiner alten Milan-Trikots, wenn →

Allzeit präsentabel: (1) Francos Trikotsammlung baumelt im offenen Wandschrank; (2) die Pokale von Robertos Fußballverein glänzen im Vereinsheim

1

2

Ein Selfie in der Nordkurve: Kurz vor dem Anpfiff lachen Fans die Anspannung weg

ihr Milanisti werdet«, neckt der 83-Jährige seine Enkel. Nicolò und Chiara schütteln den Kopf. Oma Ida hilft Laura in der Küche. »Erbsen in den Sugo?«, fragt Laura. Die Oma schaut entsetzt. »Natürlich!«, sagt sie. Wenn am Tag des Derbys in Mailand nicht über Fußball diskutiert wird, dann über das Essen. Auch die Frage »Ossobuco mit oder ohne Erbsen?« teilt die Stadt. Kalbshaxe mit Erbsen, ein typisches Mailänder Gericht.

»Und du hast doch nicht etwa schon wieder den Knoblauch weggelassen?«, fragt die Oma. »Mamma, du weißt doch, dass Roberto keinen Knoblauch verträgt«, antwortet Laura. »Interista? Schön und gut. Aber keinen Knoblauch vertragen? Wen hast du da bloß geheiratet?«, schimpft Opa Ignazio schmunzelnd aus dem Wohnzimmer.

Roberto hat sich ins Schlafzimmer zurückgezogen. Kurz noch mal durchatmen. Kurz noch mal Ruhe. Die Augen schließen. Sieben Stunden noch.

Der Tisch ist gedeckt. Ossobuco vom Kalb als Vorspeise. Cordon bleu vom Truthahn und Schweineschnitzel mit Bratkartoffeln zum Hauptgang. Inter TV, der vereinseigene Sender, läuft. Opa Ignazio, Oma Ida, Laura, Nicolò, Chiara und Cousin Diego langen zu. Roberto bekommt keinen Bissen runter. »Die Aufregung«, sagt er und schaut entschuldigend zu seiner Frau. Sie drückt ihm einen Kuss auf die Wange. Oma serviert die Desserts. Gorgonzola mit Walnüssen. Honigmelone. »Auf in den Kampf«, sagt Roberto und schaut wieder auf die Uhr. Es ist kurz vor drei Uhr nachmittags. Doch er hält es in der Wohnung nicht mehr aus. Die Nervosität. Er atmet tief aus. Als müsste er später selbst ins Stadion einlaufen. Laura umarmt ihren Mann und ihren Sohn. Chiara schaut traurig. Sie ist erst neun, zu klein fürs Stadion, hat ihre Mutter entschieden. Sie schaut das Spiel mit dem Opa – auf der Couch.

NOCH EINMAL ZIEHT ES ROBERTO WEITER IN DEN OSTEN. Nicht zum Stadion im Westen. Er lenkt den Hyundai auf den Parkplatz des Friedhofs von Lambrate. Er will noch schnell seinen verstorbenen Vater besuchen. Claudio Zonca hatte in jungen Jahren für Angelo Moratti, den einstigen Besitzer von Inter, gearbeitet. Es war die Zeit, als der italienische Fußball noch das Maß aller Dinge war, die Stadien neu und voll, nicht nur beim Derby. Die beiden Mailänder Vereine waren noch nicht an Chinesen verkauft. 2018 feiert Inter 110-jähriges Jubiläum, aber nichts ist mehr so, wie es einst war. »Die Kommerzialisierung nervt«, sagt Roberto. Aber sie tue der Liebe keinen Abbruch. »Du liebst ja nicht den Besitzer, den Sponsor, du liebst den Verein – das ist etwas viel Größeres, Tieferes. Du kannst deine Frau verlassen, das ist nicht schön, aber es passiert. Deinen Verein verlässt du nie.«

Die eingeäscherten Toten ruhen hinter kleinen Marmorplatten. Neben dem Foto von Robertos Vater klebt eine »I love Inter«-Plakette. Als Claudio Zonca vor elf Jahren starb, hatten seine Freunde den Sarg in eine schwarz-blaue Inter-Fahne gewickelt. Anfangs besuchte Roberto seinen Vater vor jedem Spiel. Und Inter verlor – jedes Mal. Also ließ er es irgendwann bleiben. 2010 stand Inter im Finale der Champions League. Sie waren Meister geworden, hatten den Landespokal gewonnen, nun stand das Spiel aller Spiele bevor. Roberto fuhr zum Parkplatz des Friedhofs. Er haderte mit sich selbst. Er saß im Auto, fast eine Stunde. Dann fasste er sich ein Herz und ging zum Grab. »Ich konnte nicht anders. Ich hätte es mir nie verziehen.« »Papa, reiß dich zusammen«, hatte Roberto vor dem Champions-League-Finale an die Marmorplatte geflüstert. Inter gewann. Gegen die Bayern. Zwei zu null. Roberto war, als würde er schweben. Ein paar Tage lang. »Ciao, Boss«, sagt Roberto nun und streichelt noch mal über das Foto des Vaters.

KNAPP FÜNF STUNDEN NOCH. Roberto, Nicolò und Diego nehmen die U-Bahn ins Zentrum. Um sich die verbleibende Zeit zu vertreiben. Am späten Sonntagnachmittag füllen sich Mailands Straßen und Plätze – Verdauungsspaziergang. Die Mailänderinnen spähen in die Schaufenster von Valentino und Armani. Ihre Männer tragen unauffällig einen Kopfhörerknopf im Ohr und lassen sich vom Spielbericht aus dem Radio berieseln. Corso Venezia, die Scala, die Galleria Vittorio Emanuele II. Breakdancer, Selfie-Pärchen, Inter-Schals, Milan-Schals, XXL-Dolce-&-Gabbana-Tüten. Der Geruch von gebratenen Maronen in der Luft. Ein Blick auf die Domfassade. Kein Schritt hinein. »La Madonnina«, die Jungfrau Maria, die golden von der Spitze des Gotteshauses auf die Stadt hinabschaut, »weiß schon, was zu tun ist«, sagt Roberto. »Der Dom muss im Gleichgewicht sein. Er gehört uns beiden. Inter und Milan. Man betet nicht für den Sieg.«

Wieder U-Bahn. Vollgestopft. Richtung Stadion. Nach und nach verlassen die Gucci-Taschen-Trägerinnen die Waggons, bald sind nur noch Menschen in Schwarz-Blau und Rot-Schwarz zu sehen. Sie stehen dicht an dicht. Roberto hat den Derbyblickkontakt mit Milanisti in der DNA. Kein Hass. Mehr ein Mitleidsschmunzeln. Das Gegenüber erwidert den Gesichtsausdruck. »Im tiefsten Herzen respektieren wir uns«, sagt Roberto. Weil es die eine Seite ohne die andere nicht geben kann. Weil der eine die Gefühlswelt des anderen kennt. Die Aufregung. Die Anspannung. Die Bauchschmerzen. Die Appetitlosigkeit.

Die Sonne steht tief über dem Westen Mailands. Roberto steigt gern eine Station früher aus. Um alles aufzusaugen. Den Geruch der Pappeln, der sich mit dem Staub der Straße mischt. Vorbei an den letzten Villen der Stadt, nach einer letzten Kreuzung ist das Stadion zu sehen. »Unsere Scala!«, sagt Roberto. Die Fans strömen zu den Tribünenaufgängen. Nicolò und Diego holen sich ein knusprig gegrilltes Sandwich. Roberto trinkt noch schnell einen Espresso in der Bar unter der Nordkurve. Auch ein paar Freunde, mit denen Roberto Montagabend Fußball spielt, sind dorthin gekommen. Milanisti. Kleine Provokation. Derbyblicke. Dann doch ein Küsschen links, ein Küsschen rechts.

Noch weiß Roberto nicht, wie er das Stadion verlassen wird. Wie nach dem gewonnenen Champions-League-Finale? Schwebend? Er weiß, das Schwebegefühl würde anhalten, in der U-Bahn, in der Nacht, den nächsten Tag über, am Abend mit den Jungs. Oder es wird alles ganz anders sein. Er kann nichts tun, nur hoffen. Aus dem Inneren der Fußball-Scala sind die Chöre der Tifosi zu hören. Roberto nimmt Nicolò bei der Hand, er legt Diego den Arm um die Schulter. Sie verschwinden im Schlund des Stadions. Zehn Minuten bis zum Anpfiff. Sturz ins Ungewisse.

***

NACHTRAG

Roberto, Nicolò und Diego laufen zur U-Bahn. Erschöpft – aber glücklich. Inter hat das Derby gewonnen. Dramatisch. Durch einen verwandelten Elfmeter in der Nachspielzeit. In der U-Bahn strahlende Inter-Fans, traurige Milan-Fans. Roberto hält die Hand seines Sohnes. Er klopft Diego auf die Schulter. Roberto schließt die Augen. Alle Anspannung scheint aus seinem Gesicht gewichen. Er lächelt. ◐

Stimmung in der Südkurve: Ein Milan-Anhänger feuert die anderen Fans an

DERBY GUCKEN

Das Stadtderby findet mindestens zwei Mal jährlich statt und ist schnell ausverkauft. Termine und Tickets gibt es auf den offiziellen Websites der beiden Clubs. Vereinsmitglieder werden beim Verkauf jedoch bevorzugt, Eintrittskarten fürs Derby zu ergattern ist Glückssache. Aussichtsreicher ist es, Karten für andere Ligaspiele zu bekommen, online oder an der Abendkasse. *www.inter.it, www.acmilan.com*
73 *Mailand, Piazzale Angelo Moratti, Stadion San Siro, Tel. 02-48798201, www.sansiro.net*

Im Vatikan

10 Fakten über den kleinsten Staat der Welt, im Herzen Roms

Alles, was Rang und Farbe hat: Kardinäle tragen zum Gottesdienst Scharlachrot, die Bischöfe Violett

Mini-Staat

»Stato della Città del Vaticano«, Staat Vatikanstadt, so heißt das 44-Hektar-Territorium am westlichen Tiberufer offiziell. Es ist das kleinste Land der Welt mit rund 600 Staatsbürgern, darunter Kardinäle, Mitarbeiter der Kurie, Schweizergardisten und ihre Familien. Wenn überhaupt ein Ehepaar – meist Angehörige der Garde – im Vatikan ein Kind erwartet, muss es außerhalb des Landes zur Welt kommen. Es kann die Staatsbürgerschaft erhalten, verliert sie aber spätestens mit 25 Jahren (Männer) oder bei Heirat (Frauen). Für alle anderen gilt: Wer nicht (mehr) für den Vatikan arbeitet, muss den Pass des Papststaates wieder abgeben.

Dauergast in Suite 201

Kurz vor dem Konklave 2013 checkte Jorge Mario Bergoglio im vatikanischen Gästehaus Santa Marta ein – und blieb dort nach seiner Verwandlung in Papst Franziskus wohnen. Er fürchtete, er wäre im Apostolischen Palast, in dem die Päpste traditionell residieren, zu isoliert. In der Herberge wohnt er in der Suite 201 (drei Zimmer) Tür an Tür mit durchreisenden Bischöfen und Priestern. Die Mahlzeiten nimmt Franziskus mit anderen Gästen im Speisesaal ein.

Wallfahrt auf Schienen

Wären Päpste normale Kunden, sie würden jede Bahngesellschaft in den Ruin treiben: Nur viermal begaben sie sich in den vergangenen 85 Jahren von ihrem Prunk-Bahnhof in den Vatikanischen Gärten aus auf Reisen – meist zum Wallfahrtsort Assisi. Samstags ist jedoch mehr los auf den insgesamt gut einen Kilometer langen Schienen im Staat: Dann fahren Besucher mit dem Zug zum päpstlichen Sommerpalast nach Castel Gandolfo und können mit etwas Glück einen Blick in die Edel-Boutique werfen, die im Bahnhofsgebäude Rolex-Uhren und Cohiba-Zigarren an VatikanAngehörige verkauft.

Frauenpower?

Rund 750 Frauen arbeiten im Kirchenstaat, etwa als Historikerinnen oder Verwaltungsbeamtinnen. Einige besetzen in der extrem männerdominierten Welt des Vatikans hohe Positionen: Derzeit arbeiten zwei als »Untersekretärinnen« – der Rang entspricht in etwa dem einer Staatssekretärin auf Bundesebene.

Außengrenze, ständig geöffnet

Wer von der Via della Conciliazione auf den Petersplatz tritt, hat die EU-Außengrenze überquert. Denn der Vatikan gehört der Europäischen Union nicht an – und darf ihr auch nicht beitreten, weil er keine Demokratie ist. Kontrollen gibt es aber nicht, die Grenze ist Tag und Nacht geöffnet. Dank eines Vertrags mit Italien darf der Vatikan den Euro trotzdem als Währung nutzen und eigene Münzen mit dem Wappen des Papstes prägen.

Latinum? Nützt nix

Latein ist Amtssprache. Doch das merken die Bewohner meist nur dann, wenn sie an einem Geldautomaten auf Lateinisch aufgefordert werden, die Karte einzuführen. Ansonsten verständigt man sich meist auf Italienisch, selbst von den Kardinälen spricht kaum einer fließend Latein.

Steuerparadies am Tiber

Der Vatikan ist ein Duty-free-Paradies. Der Kirchenstaat erhebt keine Steuern. Ob im Supermarkt oder an den beiden Tankstellen – man kauft gut 20 Prozent günstiger ein. Shoppen dürfen hier zwar nur die gut 3500 Einwohner und Angestellten. Da die meisten aber auch für Familie und Freunde einkaufen, sind die Umsätze riesig: Die Apotheke etwa nahm 2013 rund 33 Millionen Euro ein – fast 40-mal so viel wie eine italienische Durchschnittsapotheke. Allerdings darf hier jeder mit einem Rezept seine Medikamente kaufen.

Katholischer Knast

Begeht ein Vatikanbürger ein Verbrechen, muss er sich vor einem der Gerichte des Staates verantworten. Die vatikanische Gendarmerie hat mehrere Gefängniszellen, die recht freundlich und modern gestaltet sein sollen. Bei Haftstrafen werden die Verurteilten aber meist in die – deutlich unbequemeren – italienischen Gefängnisse überstellt.

Stillgestanden

In ihren blau-rot-gelben Uniformen im Stil der Renaissance stehen sie für eine mehr als 500-jährige Geschichte: die Männer der Päpstlichen Schweizergarde. Die 110 Gardisten bewachen die Eingänge des Vatikans, hüten die Ordnung im Land und schützen den Heiligen Vater. Bewerber müssen Schweizer sein, katholisch, gesund, unbescholten, männlich, ledig, 19 bis 30 Jahre alt, über Abitur oder eine Berufsausbildung sowie eine militärische Grundausbildung verfügen.

Letzte Ruhestätte

In einem Kleinstaat ist Friedhofsfläche knapp. Päpste werden in den Grotten des Petersdoms beigesetzt, andere Vatikanbürger meist außerhalb begraben. Innerhalb des Vatikans liegt außerdem der »deutsche Friedhof« Campo Santo Teutonico, den man in der Regel täglich von 9 bis 12 Uhr besuchen kann, Zugang über den Kontrollposten an der Piazza del Sant'Uffizio südlich der Kolonnaden.

INFO

Das Oberhaupt des Vatikans aus der Nähe sehen? Nehmen Sie an einer Generalaudienz teil! Die kostenlosen Karten bestellt man per Fax oder Post mithilfe eines Formulars. Weitere Informationen zu Besuchen im Petersdom, in den Vatikanischen Museen und in der Sixtinischen Kapelle finden Sie auf den Seiten 29 und 134.

74 *Vatikanstadt, Petersplatz, www.tinyurl.com/audienz*

Die neuen GEO-Kalender 2019 sind da!

Bestellen Sie jetzt Ihren Lieblingskalender im GEO Shop.

Im Panorama-Format!

GEO Panorama-Kalender „Der Blick ins Weite“

Atemraubende Ausblicke und unermessliche Weite ins Bild zu bannen, ist die Spezialität des australischen Fotografen Jarrod Castaing. Seine zwölf spektakulärsten Bilder, zum Beispiel aus der marokkanischen Sahara, von der französischen Lavendelblüte und aus dem Monument Valley in den USA, zeigt dieser Kalender im einzigartigen GEO-Panorama-Großformat.

Maße: 137 x 60 cm
Best.-Nr.: G729218
Preise: 99,99 € (D/A), 118.00 Fr. (CH)

99,99 €

Vorteilspreis für Abonnenten:
89,99 €

Im Panorama-Format!

GEO SAISON Panorama-Kalender „Die schönsten Gärten“

Eine Weltreise zu Oasen, an denen Fantasien blühen: Leuchtende Bougainvilleen, Palmen, blaugraue Felsen und ein Wasserfall verbrüdern sich auf Hawaii zu einer Märchenlandschaft. Im Herbst spannt ein Zierahorn im Japanischen Garten Portland ein himbeerrotes Dach und im Evenly Wood rollt sich ein Teppich aus Blausternchen unter Engelstränen-Narzissen und hohen Stämmen aus. Internationale Fotokünstler inszenieren auf den mehr als einen Meter breiten Panoramabildern die Vielfalt und Pracht zeitgenössischer und historischer Meisterwerke.

Maße: 120 x 50 cm Best.-Nr.: G729227 Preise: 99,99 € (D/A), 118.00 Fr.(CH)

99,99 €

Vorteilspreis für Abonnenten:
89,99 €

Entdecken Sie unsere Kalendervielfalt unter **www.geoshop.de/kalender2019**

Oder per Telefon bestellen unter **+49 (0) 40/42 23 64 27** (Bitte geben Sie immer den Aktionscode an: G00154)

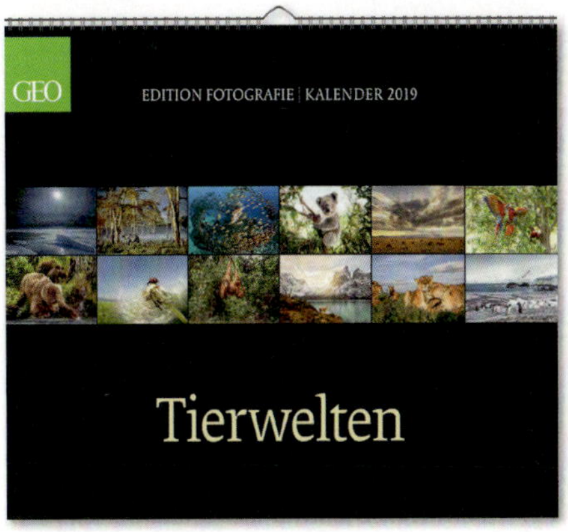

Inkl. 12 Postkarten

69,99 €

Vorteilspreis für Abonnenten:

61,99 €

29,99 €

Vorteilspreis für Abonnenten:

25,99 €

GEO Edition-Kalender „Tierwelten"

Kuschelnde Löwen in der Serengeti, Braunbären beim Lachsfang in Alaska und eine Orang-Utan-Mutter mit ihrem Jungen im Regenwald auf Sumatra: Nur die besten Tierfotografen der Welt verdichten diese einzigartigen Momente in großartigen Fotos. Die Bilder entführen nach Spitzbergen, Australien und Tansania, zu Papageientauchern, Lamas, und Antilopen.
Alle Motive auch als Postkarten zum Heraustrennen.

Maße: 70 x 60 cm
Best.-Nr.: G729220
Preise: 69,99 € (D/A), 83.00 Fr. (CH)

GEO SAISON Kalender „Im Licht des Südens"

Die schönsten südlichen Urlaubsregionen zeigen ihre Sonnenseiten. Zypressen stehen in den Hügeln bei Asciano in der Toskana Spalier und weisen den Weg zum Horizont. Auf La Palma strahlt der Himmel beim Sonnenuntergang über den Bergen in Regenbogenfarben und in der Provence wogt ein blühendes Lavendelfeld. Bilder von Sehnsuchtsorten, die den Alltag verzaubern.

Maße: 50 x 45 cm
Best.-Nr.: G729230
Preise: 29,99 € (D/A), 35.00 Fr. (CH)

Coupon einfach ausfüllen, ausschneiden und senden an: GEO Kundenservice, 74569 Blaufelden

GEO-Bestellcoupon – versandkostenfreie Lieferung ab 80,– €!

Ich bestelle folgende Artikel:

Produktbezeichnung	Best.-Nr.	Preis D	Menge
☐ GEO Panorama-Kalender „Der Blick ins Weite"	G729218	99,99 €	
☐ GEO SAISON Panorama-Kalender „Die schönsten Gärten"	G729227	99,99 €	
☐ GEO Edition-Kalender „Tierwelten"	G729220	69,99 €	
☐ GEO SAISON Kalender „Im Licht des Südens"	G729230	29,99 €	
Gesamtsumme: (zzgl. 3,90 € Versandkosten, versandkostenfreie Lieferung ab einem Bestellwert von 80,00 €)			

☐ **Ich zahle per Rechnung**

☐ **Ich zahle bequem per Bankeinzug** (nur in Deutschland möglich)

BIC

IBAN

Bankinstitut

SEPA-Lastschriftmandat: Ich ermächtige die Gruner+Jahr GmbH, Am Baumwall 11, 20459 Hamburg, Gläubiger-Identifikationsnummer DE31ZZZ00000031421, wiederkehrende Zahlungen von meinem Konto mittels Lastschrift einzuziehen. Zugleich weise ich mein Kreditinstitut an, die von der Gruner+Jahr GmbH auf mein Konto gezogenen Lastschriften einzulösen. Die Mandatsreferenz wird mir separat mitgeteilt. **Hinweis:** Ich kann innerhalb von 8 Wochen, beginnend mit dem Belastungsdatum, die Erstattung des belasteten Betrages verlangen. Es gelten dabei die mit meinem Kreditinstitut vereinbarten Bedingungen.

Meine persönlichen Angaben: (bitte unbedingt ausfüllen)

Abonnentennummer (wenn vorhanden)

Unter Angabe der Abonnentennummer wird automatisch der Abovorteilspreis berücksichtigt.

Name | Vorname

Geburtsdatum

Straße | Nummer

PLZ | Wohnort

Telefon

E-Mail

☐ Ja, ich bin damit einverstanden, dass GEO und Gruner+Jahr mich künftig per E-Mail oder Telefon über interessante Medien- und Produktangebote ihrer Marken informieren. Der Nutzung meiner Daten kann ich jederzeit widersprechen.

(Auslandspreise auf Anfrage.)

Widerrufsrecht: Sie können die Bestellung binnen 14 Tagen ohne Angabe von Gründen formlos widerrufen. Die Frist beginnt an dem Tag, an dem Sie die erste bestellte Ausgabe erhalten, nicht jedoch vor Erhalt einer Widerrufsbelehrung gemäß den Anforderungen von Art. 246a § 1 Abs. 2 Nr. 1 EGBGB. Zur Wahrung der Frist genügt bereits das rechtzeitige Absenden ihres eindeutig erklärten Entschlusses, die Bestellung zu widerrufen. Sie können hierzu das Widerrufs-Muster aus Anlage 2 zu Art. 246a EGBGB nutzen. Der Widerruf ist zu richten an: GEO Versandservice, 74569 Blaufelden; Telefon:+49(0)40–42236427; Telefax: +49(0)40–42236663; E-Mail: guj@sigloch.de

Aktionsnr.: G00154

Datum | Unterschrift

Mit dem Kopf durch die Welt.

Sichern Sie sich 6x GEO SPECIAL und eine Prämie Ihrer Wahl – ideal auch zum Verschenken.

„Reisen ist unsere Leidenschaft, Fernweh der Grundzustand unserer Autoren und Fotografen. Zurück bringen sie große Reportagen, wissenswerte Hintergründe und herausragende Bilder, liefern Ideen zum Genießen und Entdecken. Damit für Sie jeder Weg mit uns ein Erlebnis wird, nicht nur ein Urlaub."

Herzlichst
Ihr

Lars Nielsen,
Chefredakteur GEO SPECIAL

+ WUNSCH-PRÄMIE ZUR WAHL
Zur Begrüßung als Dankeschön.

+ JEDERZEIT KÜNDBAR
Nach Ablauf des 1. Jahres.

+ KOSTENLOSE LIEFERUNG
Wir übernehmen die Versandkosten für Sie.

+ EXKLUSIVE RABATTE
Nur für unsere Abonnenten:

- **eUpgrade:** unterwegs digital lesen, für zzt. nur 2,– € statt 7,99 € pro Ausgabe zusätzlich: www.geo-special.de/eUpgrade
- **GEOcard:** bis zu 50 % Ersparnis bei allen GEOcard-Partnern und GEO-Events unter www.geo-card.de
- **GEO-Welt:** 10 % Ersparnis auf alle GEO-Wandkalender u. v. m. unter www.geo.de/rabatte

Anbieter des Abonnements ist Gruner + Jahr GmbH. Belieferung, Betreuung und Abrechnung erfolgen durch DPV Deutscher Pressevertrieb GmbH als leistenden Unternehmer.

Mitmachen und Gutes bewirken!

GEO SCHÜTZT DEN REGENWALD e.V.

1. GEO-Baumspende

GEO pflanzt für Sie im Rahmen des Vereins
den Regenwald e.V.“ einen Baum in der Re
in Ecuador. Damit helfen Sie der Natur und
einfach und direkt! Die Baumspende erfolg
durch Ihre Bestellung und wird nicht versc

Ohne Zuzahlung

Senden Sie mir bzw. dem Beschenkten GEO SPECIAL ab der nächsterreichbaren Ausgabe zum Preis von zzt. nur 9,50 € pro Ausgabe (inkl. MwSt. und Versand – ggf. zzgl. einmalig 1,– € Zuzahlung für die Prämie). Studenten zahlen zzt. nur 5,70 € pro Ausgabe und legen bitte eine Kopie ihrer Immatrikulationsbescheinigung bei (Prämien sind für Studenten nicht verfügbar). Zahlungsziel: 14 Tage nach Rechnungserhalt. GEO SPECIAL erscheint zzt. 6x im Jahr (Jahresabopreis 57,– €). Meine Prämie erhalte ich nach Zahlungseingang. Ich kann das Abonnement nach 1 Jahr jederzeit beim GEO SPECIAL-Kundenservice z. B. per Post oder E-Mail kündigen. Im Voraus bezahlte Beträge erhalte ich zurück. Dieses Angebot gilt nur, solange der Vorrat reicht. Jahresabopreis Österreich: zzt. 64,80 € (ggf. zzgl. einmalig 1,– € Zuzahlung). Jahresabopreis Schweiz: zzt. 94.80 Fr. (ggf. zzgl. einmalig 1.– Fr. Zuzahlung).

9985

9986

987

gt ausfüllen)

Geburtsdatum

PLZ Wohnort

E-Mail-Adresse

mich künftig per E-Mail oder Telefon über interessante Medien- und Produktangebote ihrer Marken informieren. Der

Geburtsdatum

ginnen (optional).

Ich bezahle bequem per Bankeinzug: (jährliche Abbuchung)

BIC

IBAN

Bankinstitut

SEPA-Lastschriftmandat: Ich ermächtige die DPV Deutscher Pressevertrieb GmbH, Am Sandtorkai 74, 20457 Hamburg, Gläubiger-Identifikationsnummer DE77ZZZ00000004985, wiederkehrende Zahlungen von meinem Konto mittels Lastschrift einzuziehen. Zugleich weise ich mein Kreditinstitut an, die von der DPV Deutscher Pressevertrieb GmbH auf mein Konto gezogenen Lastschriften einzulösen. Die Mandatsreferenz wird mir separat mitgeteilt. **Hinweis:** Ich kann innerhalb von acht Wochen, beginnend mit dem Belastungsdatum, die Erstattung des belasteten Betrages verlangen. Es gelten dabei die mit meinem Kreditinstitut vereinbarten Bedingungen.

☐ Ich zahle per Rechnung.

umspende Ohne Zuzahlung

cksack „Companion", navy Zuzahlung 1,– €

☐ **2. GEO Special-Bestseller** Ohne Zuzahlung

☐ **5. Die Welt – Atlas kompakt** Ohne Zuzahlung

n Gründen formlos widerrufen. Die Frist beginnt an dem Tag, an dem Sie die erste bestellte Ausgabe erhalten, nicht 46a § 1 Abs. 2 Nr. 1 EGBGB. Zur Wahrung der Frist genügt bereits das rechtzeitige Absenden Ihres eindeutig erklärten uster aus Anlage 2 zu Art. 246a EGBGB nutzen. Der Widerruf ist zu richten an: GEO SPECIAL-Kundenservice, 20080

Das Porto
zahlen wir
für Sie!

Deutsche Post

ANTWORT

GEO SPECIAL
Kundenservice
20080 Hamburg

2. GEO SPECIAL-Bestseller
Insiderwissen für Ihre nächste Reise.
- 2 besonders beliebte GEO SPECIAL-Ausgaben
- Themen: „Sommer in den Alpen" und „Nordsee"

Ohne Zuzahlung

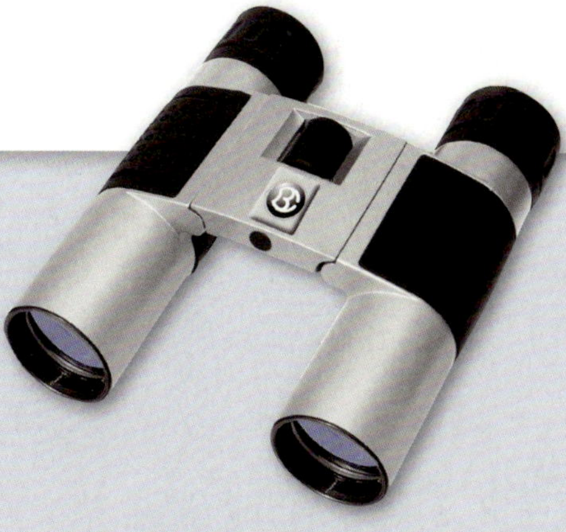

3. BRESSER Taschenfernglas
Im handlichen Taschenformat.
- 10-fache Vergrößerung, Dachkant-Optik und partielle Gummierung
- Gewicht: ca. 250 g, Maße: ca. 10,5 x 11 x 3 cm

Zuzahlung: nur 1,– €

JETZT BESTELLEN!

4. Kurierrucksack „Companion", navy
Das Leichtgewicht bringt alles unter.
- Mit vielen Fächern für mehr Schutz
- Maße: ca. 28,5 x 56 x 13,5 cm

Zuzahlung: nur 1,– €

5. Die Welt – Atlas kompakt
Ein kompletter Weltatlas im Pocket-Format.
- Aktuelle Karten und politische Weltkarten
- Detailliertes Länderlexikon und Flaggenverzeichnis

Ohne Zuzahlung

1 Jahr GEO SPECIAL für zzt. nur 57,– € (inkl. MwSt. und Versand) bestellen unter:

kundenservice@dpv.de
Einfach ausgefüllte Karte einsenden oder mit Smartphone fotografieren und per E-Mail verschicken.

+49 (0)40/55 55 89 90
Bitte immer die Bestell-Nr. angeben: selbst lesen 172 9985 / verschenken 172 9986 / als Student lesen (exkl. Prämie) 172 9987

www.geo-special.de/abo
Online noch weitere tolle Angebote entdecken.

Schönheit wirkt anziehend. Das zeigt sich fast nirgends so dramatisch wie in Florenz, das jährlich knapp vier Millionen Besucher verkraften muss. Wie bändigt man den Strom der Bewunderer?

TEXT **Lenz Koppelstätter** FOTOS **Andrea Frazzetta**

Zu viel

des Guten

Stau kommt von Staunen: Auf der Piazza della Signoria drängen sich täglich Tausende vor Michelangelos David. Dass die Statue nur eine Kopie ist, spielt für die meisten keine Rolle

IRENE TENDI SPAZIERT STADTAUSWÄRTS. Der holprige Bürgersteig wird immer schmaler, die Reisegruppe, die um die Ecke biegt, immer größer. Tendi springt hinter ein Verkehrsschild, stellt sich seitlich. Geringster Widerstand. Sie schließt die Augen, lässt die Touristenlawine vorüberrauschen, atmet auf. »Die wollen zur Piazza di Santa Croce«, sagt die 39-jährige Putzfrau, »dann ziehen sie weiter zur Piazza della Signoria, dann geht es zur Piazza del Duomo, dann zum Ponte Vecchio, und dann laufen sie am Ufer des Arno zurück zu den Bussen.«

Irene Tendi kennt die Wege der Massen. Es sind die Wege ihres Alltags. Sie zeigt die Straße hinunter. »Da vorn liegt die Schule meiner Tochter. Und noch weiter vorn spucken die Busse die Tagesbesucher aus.« Sie macht eine winkende Handbewegung voller zornigem Stolz und erhabenem Abscheu, wie nur Italienerinnen es können. »Vergangenen Winter, ein paar Tage vor Weihnachten, wartete ich vor der Schule«, sagt sie, »da verpasste mir eine Touristenführerin einen Faustschlag. Weil ich nicht schnell genug zur Seite gesprungen war. Weil ihre Karawane meinetwegen stoppen musste.« Seitdem hat Irene Tendi abgeschlossen mit Florenz. Der Stadt, in der sie aufgewachsen ist. Der Stadt, die sie so sehr geliebt hat. Der Stadt, die sie verlassen will, sobald ihre Tochter nicht mehr zur Schule gehen muss. »Weil es nicht mehr auszuhalten ist.«

Florenz, Stadt der Meisterwerke der Renaissance. Stadt der Medici. UNESCO-Weltkulturerbe. 380 000 Einwohner. Knapp vier Millionen Touristen pro Jahr. Zehn Besucher pro Bewohner. 1,5 Millionen Touristen strömen jährlich in die Galleria dell'Accademia, um einen Blick auf den Marmorkörper des David zu werfen. Zwei Millionen reihen sich in die Schlange vor den Uffizien, um Botticellis »Venus«, Caravaggios »Bacchus« und Raffaels »Selbstporträt« zu sehen. Sie zu filmen. Ein Selfie zu knipsen. Man könnte ganz Florenz zum Museum machen – wenn da nur die Bewohner nicht wären.

Vom Tourismus lebt und stirbt man, heißt es in Florenz, eigentlich immer schon. Nun ist da nur noch Sterben, klagen die Bewohner, kaum noch Leben. Die Anzahl der Übernachtungen hat sich in den vergangenen zehn Jahren von sieben Millionen auf mehr als zehn Millionen erhöht. Die Zahl asiatischer Besucher steigerte sich in dieser Zeit um 125 Prozent. Die Zahl der Airbnb-Ferienwohnungen verdoppelte sich beinahe in den letzten vier Jahren.

Turisti mordi e fuggi – Touristen, die einfallen und abhauen – nennen die *fiorentini* die Besucher, die morgens in die Stadt kommen und abends wieder weg sind. Die Bewohner ärgern sich über die vollgestopften Straßen, den Lärm der Rollkoffer, die Rücksichtslosigkeit. Die Kaufleute ärgern sich über die fliegenden Händler, die ihnen mit Plastiksouvenirs das Geschäft ruinieren. Die Gastronomen ärgern sich über entgangene Kundschaft, die lieber auf Treppen picknickt. Und alle zusammen ärgern sich – schließlich sind wir in Italien! – über die zunehmende Disneylandisierung der Stadt. Im Sommer 2017 ließ Bürgermeister Dario Nardella die Treppen vor den Denkmälern und Kirchen der Innenstadt von der Stadtreinigung nass spritzen, damit die Touristen sich nicht hinsetzen. Ein Hilfeschrei, der weltweit für mediale Aufregung sorgte.

Ein Dreivierteljahr später, zwei Wochen vor Ostern, ein milder Nachmittag, unterwegs auf der breiten Via dei Calzaiuoli, dem Highway des alltäglichen florentinischen →

Seit 1873 steht das empfindliche Original des David in der Galleria dell'Accademia, gut geschützt vor Verwitterung und Vogelkot, jährlich bewundert von knapp 1,5 Millionen Besuchern. Für einen Euro kann man Michelangelos Meisterwerk verschicken: Kioske verkaufen Postkarten mit allen Details seiner Schönheit (r.)

€ 1.00
€ 1.00
€ 1.00
€ 1.00
€ 1.00
€ 1.00
€ 1.00
€ 1.00
€ 1.00

Viele Touristengruppen haben es eilig, die Highlights von Florenz abzuarbeiten (l.). Für Betrachtungen über den unergründlichen Blick Davids bleibt wenig Zeit

Massenwahnsinns: Zwei Menschenlawinen knallen aufeinander. Die eine Lawine will nach Süden zu den Uffizien und dem Ponte Vecchio, die andere nach Norden zur Piazza del Duomo. Straßenkampf. Mann gegen Mann. Die Schlangen für den Zutritt zum Dom, der Kuppel und dem Glockenturm winden sich um den halben Platz herum. Florenz erstickt. Die Stadtpolitesse lacht. »Nein«, sagt sie. Das Wasser habe nichts genutzt letzten Sommer. Es sei doch viel zu heiß gewesen. Jeden Tag über 30 Grad, da seien die Treppen nur ein paar Minuten nass geblieben.

Zu Ostern, sagt Roberto Budini Gattai, beginne der Wahnsinn erst so richtig – und höre bis Silvester nicht mehr auf. Der ehemalige Universitätsdozent hat sich mit Tiziano Cardosi in den Hinterhof eines aufgelassenen Klosters zurückgezogen. Sie sitzen im Schatten eines Säulengangs. Unheimliche Stille inmitten des Sturms. Die beiden Rentner sind Mitbegründer der Bürgerplattform »Perunaltracittà« – für eine andere Stadt. Sie sprechen von einer Invasion. Von Ausverkauf. Sie sagen, viele Bewohner wünschen sich eine Touristenquote, viele begännen die Besucher zu verachten. Vor allem die riesigen asiatischen Reisegruppen. Sie sagen, die Stadtpolitiker verschließen Augen und Ohren. »Die sind nur Marionetten jener, die mit dem Tourismus Geld verdienen«, sagt Budini Gattai. »Florenz ist eine sterbende Stadt.«

UM VON DEN MASSEN DRAUSSEN auf der Piazza und im Palazzo Vecchio, der auch als Rathaus dient, nichts mitzubekommen, müssten die Stadtvertreter Augen und Ohren sehr fest zudrücken. Die Touristenschlange biegt auf der Treppe links in den »Saal der Fünfhundert« ab, ausgeschmückt mit einem Wandgemälde von Giorgio Vasari. Der Weg zur Sitzung des Stadtrats führt rechts vorbei an einem Steinbecken, der Toilette der Medici, in den »Saal der Zweihundert«. Ein Stadtrat spricht, untermalt vom Geschrei von der Piazza.

»Der Tourismus blüht weltweit, nicht zuletzt als Folge des wachsenden Wohlstands in China«, sagt Bürgermeister Dario Nardella, »von einer Invasion kann trotzdem keine Rede sein.« Er zieht die Auswertung von Handydaten heran, die bezeugt: Die *fiorentini* nutzen weiterhin das Zentrum. Aber ja, fährt er fort, auf Touristen, die nur ein paar Stunden in die Stadt einfallen, ohne ein Museum und ein Restaurant zu besuchen, darauf könne man gern verzichten. Doch wie? Wenn sich nichts ändert, könnte sogar der Status des UNESCO-Weltkulturerbes aberkannt werden. Die UNESCO bemängelte schon vor einigen Jahren die »Abwesenheit einer Tourismus-Strategie.«

Anna Paola Concia, die Stadträtin für Tourismus, bittet in ein Hinterzimmer, wo einst wohl schon die Medici über politische Schachzüge brüteten. »Wir werden die Touristen nicht aus der Stadt aussperren, niemals. Florenz hat immer von und mit den Besuchern gelebt«, sagt sie. Rund 20 000 Beschäftigte arbeiten in der Branche, die jährlich zwei Milliarden Euro Umsatz erwirtschaftet. »Wir gehen andere Wege«, fährt Concia kämpferisch fort, »damit Florenz, die Stadt des Rinascimento, wieder aufersteht.«

Man kann tatsächlich nicht sagen, dass bislang nichts versucht worden ist: Der Preis der Passierscheine für Reisebusse wurde verdoppelt. Auf dem

Vier Tipps und Tricks, in Florenz gut durchzukommen

Eine frühe Planung
Buchen Sie Dom- bzw. Museumsbesuche vorab. Der Vorverkaufszuschlag beträgt bis zu 4 Euro je nach Museum. Hier können Sie Tickets online vorbestellen:
- *www.firenzemusei.it*
- *www.museicivicifiorentini.comune.fi.it*
- *www.museifirenze.it*

Die 72-Stunden-Karte
Für 85 Euro 72 Stunden lang freier Eintritt in 72 Museen der Stadt – mit der »Firenze-Card«. Dazu Vortritt an den Schlangen vor den Uffizien und der Accademia – ohne Vorbestellung. Für Besucher, die drei Tage in der Stadt bleiben, empfehlenswert. *Online unter www.firenzecard.it oder bei den Touristeninformationen*

Oltrarno
Oltre l'Arno – jenseits des Arno. Da die meisten Touristen am südlichen Ende des Ponte Vecchio wieder kehrtmachen und ins Zentrum zurücklaufen, hat sich hier ein Stückchen echtes Florenz erhalten: alte Handwerksläden, nette Bars und Cafés und *gelaterie*, in denen die Kugel Eis tatsächlich noch einen Euro kostet.
75 *Oltrarno*

Florenz zeitgenössisch
Seit einigen Jahren macht die Stadt mit einem exzellenten Angebot zeitgenössischer Kunst auf sich aufmerksam. Mit dem Museo Marino Marini, das sich einem der bedeutendsten zeitgenössischen Bildhauer Italiens widmet (oben eine seiner Pferdeskulpturen). Oder mit dem Centro di Cultura Contemporanea im Palazzo Strozzi. Die Kenner und Liebhaber freut es, während die großen Gruppen achtlos daran vorbeilaufen.
76 **Museo Marino Marini,** *Piazza di S. Pancrazio, Tel. 055-21 94 32, www.museomarinomarini.it (zurzeit wegen Renovierung geschlossen; Wiedereröffnung voraussichtlich im Herbst dieses Jahres)*
77 **Centro di Cultura Contemporanea Strozzina,** *Piazza degli Strozzi, Tel. 055-264 51 55, www.strozzina.org*

Ponte Vecchio darf nach wie vor nur Schmuck verkauft werden – keine Plastiksouvenirs. McDonald's wurde nicht erlaubt, eine Filiale neben dem Dom zu eröffnen, weshalb die Stadtverwaltung sich nun mit einer Schadensersatzklage über 18 Millionen Euro herumschlagen muss. Oft aber sind der Stadt die Hände gebunden. Die Zuständigkeiten liegen bei den Regionen oder in Rom. Deshalb wurde 2017 das Projekt »Destination Florence« gegründet, das im Interesse der Stadt und Hunderter Geschäftsleute abseits der Politik das Touristenchaos in den Griff bekommen will. Etwa mit einer geplanten App, die den Besuchern aus aller Welt, aber auch den Stadtbewohnern und Tourismusbetreibern, in Echtzeit anzeigt, bei welchen Museen die Besucherschlange gerade am wenigsten lang ist, welche Straßen der Innenstadt am wenigsten verstopft sind. Außerdem gilt der Kampf den Tagestouristen. »Wir wollen, dass weniger kommen«, sagt Carlotta Ferrari, die Direktorin. »Dagegen setzen wir auf mehr Besucher, die länger bleiben und mehr Geld in der Stadt lassen.« Wie die Wähler auf die Maßnahmen reagieren? »Mit der üblichen Polemik. Das ist doch typisch für sie«, sagt Bürgermeister Nardella frei heraus.

Früher, sagt Irene Tendi, die Putzfrau, habe sie gemeinsam mit ihrer Schwester eine Bäckerei besessen. Da sei sie um fünf Uhr morgens durch die Innenstadt gelaufen, die Laternen hätten ihr buttergelbes Licht auf das Trottoir geworfen, vor dem Dom sei sie immer stehen geblieben, hätte ihn ganz für sich allein gehabt. »Es gibt sie, diese wenigen Momente, in denen Florenz noch atmet«, sagt sie, »die gilt es auszukosten. Bald wird es wohl auch die nicht mehr geben.«

Florenz im Streit. Die Bürger schimpfen auf die Politiker. Die Politiker auf die Bürger. Und alle zusammen auf die Touristenmassen – das größte aller Übel. »Ach«, seufzt Roberto Budini Gattai von »Perunaltracittà«, das Ach, es scheint zu sagen: Die Stadt steht kurz vor dem Untergang, aber das ist doch alles halb so schlimm. »So war das bei uns doch immer schon«, erklärt der Rentner. Hier, wo Machiavelli einst die höchste Kunst des politischen Streits zu Papier brachte. Hier, wo das moderne Bankwesen erfunden wurde. Hier, wo die Schönheit schon immer verführerisch lockte. Wo es schön ist, wo das Geld liegt, da war das Verderben immer nah. Einst in Form der Pest, der Tyrannei, heute in Form des Massentourismus.

Es ist Mitternacht geworden. Die Lichter der Stadt spiegeln sich im Arno. Ganz in der Ferne knattert noch ein Motorrad, ab und an knattert ein Passant mit Rollkoffer über den Ponte Vecchio. Ein koreanisches Liebespärchen genießt den romantisch-versöhnlichen Florenz-Ausklang. Er habe so lange gespart für diesen Urlaub, erzählt Bong Seop Song, Computer-Ingenieur aus der grauen Millionenmetropole Daegu in Südkorea. Er habe nur wenige Tage frei bekommen. »So etwas wie den Ponte Vecchio habe ich noch nie gesehen«, sagt Cho Rong Hong, seine Verlobte. »Häuser auf einer Brücke, verrückt!« Mehr als einen Tag bleiben? Die beiden schütteln den Kopf. Das können sie sich nicht leisten. Bald geht ihr Nachtbus. Nach Rom. Sie laufen unter den dunklen Arkaden hinunter zu den Uffizien. Bong Seop Song legt den Arm um seine Liebste. Sie schauen sich um – niemand zu sehen – dann küssen sie sich. ◐

Kutscher warten im Zentrum auf Kundschaft (u.). In den Uffizien, dem berühmtesten Museum der Stadt, harrt die Venus dei Medici unter einer muschelbesetzten Kuppel

GEO Erleben
September 2018

NATURHISTORISCHES MUSEUM, WIEN

Evolution des Krieges

Ist Krieg unausweichlich, weil er menschlich ist? Wann wurden die ersten Kriege geführt und warum? Die Sonderausstellung präsentiert eine archäologische Spurensuche – und erzählt die Geschichte des Krieges als Geschichte derer, die ihm zum Opfer fielen. Skelettreste von Kämpfern und Soldaten von der Bronzezeit bis in die Neuzeit geben Aufschluss über Einzelschicksale, verwendete Waffen und Todesursachen. *www.nhm-wien.ac.at*

Mehr wissen und erleben

Mit der GEOcard gibt es ermäßigten Eintritt in Museen, Planetarien, Science-Center, Zoos und weitere Erlebnisorte: Nutzen Sie Ihr Privileg als GEO-Special-Abonnent und sparen Sie bis zur Hälfte des Ticketpreises. Oder genießen Sie Kaufvorteile. Hier stellen wir eine Auswahl unserer Partner vor. Mehr unter: *www.geo-card.de*

Wichtiger Hinweis: Mit der GEOcard, die Ihnen als Abonnent von GEO Special jedes Quartal zugeht, erhalten Sie bei unseren Partnern eine Eintrittsermäßigung von bis zu 50 Prozent auf den Normaltarif. Für bereits Ermäßigungsberechtigte, etwa Studenten, wird kein weiterer Nachlass gewährt. Die Ermäßigung gilt für das Normalangebot unserer Partner, nicht aber automatisch für alle Sonderausstellungen und Veranstaltungen.

DEUTSCHES MEERESMUSEUM, STRALSUND

Faszinierende Einblicke

Um die Verwandtschaft von Fischen zu bestimmen, machen Forscher Haut und Weichgewebe mithilfe von Enzymen durchsichtig: Sie färben Knochen und Knorpel bunt ein. Wie das aussieht, zeigt die Ausstellung »Insightfish«. Die Aufnahmen, etwa vom Sternrochen (oben), sind Kunstwerke und Lehrstücke. *www.deutsches-meeresmuseum.de*

HESSISCHES LANDESMUSEUM, DARMSTADT

Kostbare Kirchenschätze

Die »kirchliche Schatzkammer« präsentiert Objekte der sakralen Kulturgeschichte von der Spätantike bis zum Mittelalter. Stolz der Sammlung: das »Darmstädter Turmreliquiar« aus dem 12. Jahrhundert. *www.hlmd.de*

Eine Auswahl unserer Partner
Andernach: Geysir-Zentrum **Berlin:** Wilhelm-Foerster-Sternwarte **Bramsche-Kalkriese:** Varusschlacht im Osnabrücker Land **Brandenburg:** Archäologisches Landesmuseum Brandenburg **Bremerhaven:** Klimahaus **Dresden:** Deutsches Hygiene-Museum **Frankfurt/Main:** Senckenberg Naturmuseum **Görlitz:** Senckenberg Museum für Naturkunde **Goslar:** Weltkulturerbe Rammelsberg (Museum und Besucherbergwerk) **Hamburg:** Wälderhaus **Kassel:** Grimmwelt • Naturkundemuseum im Ottoneum **Köln:** Rautenstrauch-Joest-Museum **Leipzig:** Zoo Leipzig **Lütetsburg:** Schlosspark Lütetsburg **Minden:** Preußen-Museum **Pirmasens:** Dynamikum **Schleswig:** Stadtmuseum **Schöningen:** Paläon Forschungs- und Erlebniszentrum **Stuttgart:** Landesmuseum Württemberg **Walsrode:** Weltvogelpark **Warder:** Tierpark Arche Warder **Wesel:** Preußen-Museum

NEANDERTHAL MUSEUM, METTMANN

Die Geschichte der Bisons

Riesige Bisonherden zogen bis ins 19. Jahrhundert über die Ebenen von den Rocky Mountains bis zum Mississippi. Mit der Besiedlung des amerikanischen Mittelwestens begann das Schlachten; fast die gesamte Population wurde vernichtet. Inzwischen sind die Tiere in die Prärie zurückgekehrt. Eine Fotoaustellung von Heidi und Hans-Jürgen Koch zeigt ab dem 15. September das Bison in allen Facetten. Das Museum ergänzt die Bilder um Informationen zur Geschichte des symbolträchtigen Tieres – vom Bison auf geheimnisvollen Höhlenbildern bis zu den Wisenten im Wildgehege Neandertal heute. *www.neanderthal.de*

PHÆNO, WOLFSBURG

Wissenschaft zum Anfassen

Selber Wolkenringe entstehen lassen, einen gut sechs Meter hohen Feuertornado bewundern, sanft wie eine Katze landen oder bequem auf einem Nagelbett liegen: Im Wolfsburger Phæno wecken mehr als 350 Stationen Neugierde auf die Geheimnisse der Natur. Kinder und Erwachsene können auf mehr als 9000 Quadratmetern physikalische, mathematische und chemische Experimente beobachten. Mitmachen ausdrücklich erwünscht. *www.phaeno.de*

Im Lager des »Gruppo Storico Romano« schwört der Truppenführer einen Soldaten auf den Imperator Julius Cäsar ein – über 2000 Jahre nach dessen Tod

Caesar!

Im Süden Roms liegt eine aus der Zeit gefallene Insel: das Hauptquartier des »Gruppo Storico Romano«. Rund 200 Männer und Frauen lassen hier die Epoche von Julius Cäsar aufleben – so authentisch wie möglich. Der **Fotograf Luca Locatelli** begleitete Legionäre und Gladiatoren auf ihrer Zeitreise

TEXT **Paula Kersten**

Egal ob Schwertkämpfer oder Gladiator (r.): Waffen, Kleidung, Schuhe, Helm, alles soll genau so aussehen wie vor 2000 Jahren. Die Zigaretten sind wohl der Aufregung vor dem Kampf zuzuschreiben

1

2

3

(1) Geharnischter Auftritt: Legionäre rüsten sich für eine Vorführung im Forum Romanum. (2) Die Kämpfer marschieren als »Legio XI Claudia Pia Fidelis« auf, eine Truppe, die tatsächlich jahrhundertelang existierte. (3) Veni, vidi, vici: Nach einem – simulierten – Gladiatorenkampf liegt der Besiegte im Staub

ter *www.lucalocatelli.com* zu sehen.

Herr Locatelli, Sie haben ein Jahr lang den Gruppo Storico Romano fotografiert. Worum geht's genau?
Die gut 200 Mitglieder versuchen, in ihrer Freizeit exakt so zu leben wie die Menschen zur Zeit Julius Cäsars. Sie treffen sich mehrmals die Woche in ihrem Vereinsgebäude, das nicht zufällig an der historischen Via Appia im Süden Roms liegt. Die Mitglieder haben ganz unterschiedliche Hintergründe – vom Geschichtsprofessor über den Arzt bis zum Arbeiter, Männer wie Frauen. Politik spielt keine Rolle. Alles was zählt, ist die Leidenschaft für das alte Rom.

Wie kamen Sie auf die Idee zu diesem Projekt?
Ich bin durch ein Buch auf die Gruppe gestoßen. Es hat mich fasziniert, wie dort die Grenze zwischen Realität und Spiel verschwimmt. Alle sind mit einer extrem großen Ernsthaftigkeit bei der Sache. Wenn jemand aus der Rolle fällt, wird der Ton schon mal rauer. Ab und an hatte das beinahe etwas Komisches, und ich hatte Lust, ihnen zuzurufen: »Hey Leute, es ist nur ein Spiel, beruhigt euch!« Aber ich glaube, gerade das Ernsthafte ist es, was den Gruppo Storico Romano zum besten der Welt macht in dem, was er tut.

Senator. Jeder Brauch und jedes Kochrezept stimmt bis ins Detail. Sie sprechen sogar Latein miteinander! In allem steckt sehr viel Aufwand. Es gibt etwa 20 Gladiatoren, die fast täglich trainieren. Jede ihrer Kampfbewegungen ist historisch korrekt eingeübt. Genau so wie die lateinischen Flüche. Außerdem haben sie eine eigene Werkstatt, in der sie selbst alle Kostüme und Waffen anfertigen.

Tatsächlich alle?
Ja, ausnahmslos! Ihnen scheint keine Mühe zu groß zu sein. Die Mitglieder wissen oft gar nicht, wie viel Zeit sie auf die Herstellung verwendet haben. Die Kostüme sind der wertvollste Besitz des Vereins.

Geld verdient niemand damit. Warum stecken sie so viel Zeit in ihr Hobby?
Sie sind Römer, das erklärt einiges. Die Bewohner Roms sind sehr stolz auf das alte Römische Reich und auf ihre Stadt, das *caput mundi,* die Hauptstadt der Welt, und meinen es genau so. Für sie ist Rom die schönste und wichtigste Stadt überhaupt.

storicoromano.it, Erw. 25 €

Mit Raubtierfell über dem Helm: So zog der hochrangige Standartenträger in die Schlacht

GEWINNEN SIE MIT GEO SPECIAL

Der Preis

Ein Wochenende in Florenz: GEO Special verlost zwei Nächte für zwei Personen im luxuriösen »Rocco Forte«-Fünf-Sterne-Hotel »Savoy« in einem Doppelzimmer der Kategorie »Classic Double«. Dazu gibt es einen Willkommensdrink im Bistro »Irene« und zwei Eintrittskarten für das Kunstmuseum Accademia. Das »Savoy« liegt nur ein paar Schritte entfernt von Domplatz, Ponte Vecchio und Uffizien. Als es 1893 eröffnet wurde, galt es als das modernste Haus der Stadt. Nach einer umfassenden Neugestaltung durch die Designerin Olga Polizzi ist das Hotel mit seinen 80 eleganten Zimmern, alle ausgestattet mit moderner Technik und Wi-Fi, seit Frühjahr 2018 wieder für Besucher geöffnet. *www.roccofortehotels.com*

RF
HOTEL SAVOY
FLORENCE

DIE FRAGE

Die Kuppel des Florentiner Doms Santa Maria del Fiore zählt zu den größten ihrer Art weltweit – ein architektonisches Meisterwerk. Ihr Konstrukteur war jedoch ursprünglich kein Architekt. Welchen Beruf hatte er zunächst erlernt?

SO KÖNNEN SIE GEWINNEN

Schicken Sie eine Postkarte mit der Antwort und dem Stichwort »Florenz« an GEO Special, 20821 Hamburg, oder füllen Sie das Formular aus unter *www.geo.de/florenz-gewinnspiel* Einsendeschluss: 06.11.2018

Teilnahmebedingungen: Der Gewinner wird per Losverfahren unter allen richtigen Einsendungen ermittelt. Der Rechtsweg ist ausgeschlossen. Es gilt deutsches Recht. Teilnehmen kann nur, wer eigenhändig teilnimmt. Ausdrücklich ausgeschlossen sind Einsendungen, die Gewinnspiel-Services oder ähnliche Dienstleister für ihre Kunden/Mitglieder vornehmen. Mitarbeiter des Gruner + Jahr Verlags und deren Angehörige dürfen nicht teilnehmen. Der Gutschein wird nicht ausgezahlt und ist nicht übertragbar. Er ist je nach Verfügbarkeit gültig bis Oktober 2019, gilt jedoch nicht für folgende Zeiten: Weihnachten, Neujahr, Ostern, Mai, Juni, September, Oktober und während aller offiziellen Modewochen in Florenz. Für die Anreise muss der Gewinner selbst sorgen. Nicht inkludiert sind weitere Mahlzeiten, Getränke und persönliche Ausgaben. Hinweise zum Datenschutz finden Sie unter *www.geo.de/reise-datenschutz*

DIE STERN-REPORTAGE

DER STAUDAMM

Die neue Talsperre Gibe III in Äthiopien ist die höchste Afrikas. Sie versorgt ein gigantisches Wasserkraftwerk. Und zerstört das Leben von 200 000 Ureinwohnern

Von Joachim Rienhardt; Fotos: Fausto Podavini

ANZEIGE

Der Damm: 243 Meter hoch. Der Stausee: bald 211 Quadratkilometer groß. Die Weltbank weigerte sich, das Projekt zu fördern. Stattdessen sprangen chinesische Investoren ein

specialguide

ITALIENS SCHÖNES TRIO IN 90 TIPPS

ROM

Übernachten im Kloster oder im Palazzo, hausgemachte Pasta oder Eiscreme genießen, Street-Art-Künstlern folgen oder antike Kunst neu entdecken: Mit diesen Tipps gelingt der Rom-Besuch

SCHLAFEN

€€€ Elizabeth Unique Hotel
Zur Spanischen Treppe sind es ein paar Schritte, und aus etlichen Zimmern des im Februar 2018 eröffneten Fünf-Sterne-Hauses blickt man auf die Via del Corso, in der einst Goethe in Rom wohnte. Doch bei aller Zentralität verleiht der Eingang in einer versteckten Seitenstraße dem Hotel mit seinen 33 Zimmern einen intimen Charakter. Das Innere des Palazzo aus dem 17. Jahrhundert ist mondän-modern, mit Anklängen an den Klassizismus und vielen – käuflichen – Werken zeitgenössischer italienischer Künstler.
79 *Via delle Colonnette 35, Tel. 06-322 36 33, www.ehrome.com, DZ ab 276 €*

€€ VOI Donna Camilla Savelli Hotel
Im Jahr 1642 beauftragte Camilla Virginia Savelli Farnese den für seinen eigenwilligen Stil bekannten Architekten Francesco Borromini mit dem Bau eines Klosters für ihren Orden Santa Maria dei Sette Dolori. Dass die Nonnen damals schon so luxuriös schliefen wie die Gäste des Vier-Sterne-Hotels mit seinen 78 Zimmern und Suiten, ist zu bezweifeln. Ein Kleinod des Hotels, das sich in den barocken Mauern mitten in Trastevere befindet, ist der Klostergarten samt Springbrunnen.
80 *Via Garibaldi 27, Tel. 06-58 88 61, www.hoteldonnacamillasavelli.com, DZ/F ab 133 €*

€ Hotel San Anselmo
Eine Verschnaufpause vom Chaos der ewigen Stadt bietet dieses Boutiquehotel, das 1960 in einer Privatvilla aus dem 19. Jahrhundert eröffnet wurde. Das Haus befindet sich auf dem südlichsten der sieben Hügel der Stadt, dem Aventin. Beim Aufwachen schaut man auf die schweren Vorhänge des Himmelbetts und hört draußen die Vögel zwitschern.
81 *Piazza San Anselmo 2, Tel. 06-57 00 57, www.aventinohotels.com/sananselmo, DZ/F ab 70 €*

€€ Casa Santa Lucia Filippini
Das Kloster der Maestre Pie Filippini ist noch von Nonnen bewohnt. Ein wenig Zurückhaltung ist also durchaus geboten. Belohnt wird der Gast dafür nicht nur mit günstigen Preisen, sondern vor allem einer optimalen Lage: Pantheon, Campo de' Fiori und Kapitol erreicht man von dem Palazzo aus dem 16. Jahrhundert aus in wenigen Minuten zu Fuß. Die Zimmer sind einfach, aber sauber, der Service, zum Teil von den Nonnen selbst ausgeführt, herzlich. Lärmempfindliche Reisende sollten ein Zimmer zum Hof wählen.
82 *Largo Santa Lucia Filippini 20, Tel. 06-679 16 12, www.romacasaperferie.it, DZ/F ab 140 €*

€€€ Hotel Locarno
In den 1960er-Jahren stiegen in dem Haus, dessen bewegte Hotelgeschichte bereits 1925 begann, Künstler wie Federico Fellini oder Michelangelo Pistoletto ab. Noch heute atmet die Grande Dame der römischen Boutiquehotels den Charme der glamourösen 1920er- und 1960er-, der goldenen Jahre des italienischen Films. Den Tag beschließt man am besten an der Art-déco-Bar mit dem Cocktail, für den das »Locarno« bekannt ist: dem Roma Bracciano, gemixt aus Campari, Wermut, Rhabarberlikör und Orangenbitter.
83 *Via della Penna 22, Tel. 06-361 08 41, www.hotellocarno.com, DZ/F ab 153 €*

€€ Hotel Sant'Anna
In dem eleganten Drei-Sterne-Hotel, untergebracht in einem Palazzo aus dem 16. Jahrhundert, schläft man in direkter Nachbarschaft zu Papst Franziskus. Wer morgens also auf einen ersten Platz in der Schlange zum Petersdom hofft, könnte die Rechnung ohne die Cornetti gemacht haben, die im freskengeschmückten Frühstücksraum das Buffet versüßen.
84 *Borgo Pio 134, Tel. 06-68 80 16 02, www.santannahotel.net, DZ/F ab 126 €*

€€€ Hotel d'Inghilterra
So wie es hier aussieht, würde man sich kaum wundern, wenn Churchill mit einem Glas Martini in der Hand um die Ecke käme. Das Hotel, das 1845 in einem Palazzo aus dem 16. Jahrhundert seinen Betrieb aufnahm, erhielt seinen Namen aufgrund seiner Beliebtheit beim britischen Publikum. John Keats war hier, Lord Byron auch. Noch heute rühmt sich das Fünf-Sterne-Haus damit, vom internationalen Jetset geliebt zu werden, nicht nur für den unnachahmlichen Dolce-Vita-Stil der Zimmer, Suiten und Gemeinschaftsräume, sondern auch für die vielen modernen Annehmlichkeiten, darunter ein Smartphone-Service mit unbegrenztem Internetzugang und kostenlosen Auslandsanrufen.
85 *www.starhotelscollezione.com, DZ/F ab 260 €*

ESSEN & TRINKEN

Freni e Frizioni
Einer der beliebtesten Adressen in Trastevere für den *aperitivo* mit Buffet. Der Name bedeutet »Bremsen und Kupplungen«, und tatsächlich erinnern einige Elemente in der Bar an deren Vorleben als Kfz-Werkstatt. Noch stimmungsvoller ist es, die hervorragenden Drinks am kleinen Platz, der zur Bar gehört, zu trinken. Er grenzt direkt an den Tiber.
86 *Via del Politeama 4/6, Tel. 06-45 49 74 99, www.freniefrizioni.com*

→

1

2

3

(1) Moderne Kunst im Maxxi-Museum (s. S. 135). (2) Cocktail in der Bar »Freni e Frizioni«. (3) Vornehm übernachten im »Hotel d'Inghilterra«

Pizzeria Leonina
Stärkung gefällig nach dem Ausflug in die Antike? Zwischen all dem Touristennepp rund um Forum Romanum und Kolosseum ist der schmale Pizza-Imbiss eine wahre kulinarische Oase. So knusprig gelingt der Boden wenigen Pizzabäckern. Und erst der Belag! Von salzig bis süß ist für jeden etwas dabei.
87 *Via Leonina 84, Tel. 06-482 77 44*

Black Market Monti
Man könnte diese Bar für ein weiteres Exemplar jener weltweit in Hipster-Kreisen beliebten Lokale halten: Vintage-Möbel auf schweren Teppichen, schummriges Licht, fein abgestimmte Cocktails und ausgewählte Craft Beers. Was »Black Market Monti« besonders macht, ist sein Programm. In der Bar finden Kunstausstellungen statt, im Hinterzimmer bietet die Reihe »Unplugged in Monti« lokalen wie internationalen Musikern eine Bühne für Akustikkonzerte.
88 *Via Panisperna 101, Tel. 339-822 75 41, www.unpluggedinmonti.com*

Flavio al Velavevodetto
Ganz aus der Luft gegriffen ist es nicht, dass sich Flavio De Maio als König der Carbonara bezeichnet. Tatsächlich hat der Wirt für seine Pastasoße einen Preis gewonnen. Auch sonst empfehlen sich die deftigen, typisch römischen Gerichte. Das Restaurant wurde in den aus Scherben bestehenden Monte Testaccio hineingebaut – eine Halde für zerbrochene Amphoren aus der Zeit des alten Roms.
89 *Via di Monte Testaccio 97, Tel. 06-574 41 94, www.ristorantevelavevodetto.it*

Antico Caffè Greco
Alles andere als ein Geheimtipp, aber einen Besuch wert: Schon Goethe kehrte im »Antico Caffè Greco« ein, auch Casanova, heißt es, sann hier über seine jüngsten Eroberungen nach. 1953 erklärte das italienische Kulturministerium das Café gar zum »Monument von historischem und nationalem Interesse«. Das erklärt vielleicht, warum der Espresso selbst am Tresen stolze 1,70 Euro kostet.
90 *Via Condotti 86, Tel. 06-679 17 00, www.anticocaffegreco.eu*

PALAZZO DEL FREDDO DI GIOVANNI FASSI
»I scream, you scream, we all scream for ice cream« – im Eispalast werden die Schreie erhört. Und das schon seit 1880. Damals gründeten die Eltern des namensgebenden Giovanni Fassi den Familienbetrieb. Jener war damals bereits Gelatiere der königlichen Familie. Glücklicherweise erfreuen die Fassis längst auch bürgerliche Süßschnäbel mit ihrer Kunst, zum Beispiel mit der Spezialität des Hauses: Sanpietrino, ein Halbgefrorenes mit Schokoladenüberzug.
103 *Via Principe Eugenio 65, Tel. 06-4464740, www.gelateriafassi.com*

Betto e Mary
In den 1960ern eröffneten Betto und seine Frau ihre Trattoria im römischen Arbeiterviertel Torpignattara. Seitdem hat sich wenig verändert: Krawattenträger sollen draußen bleiben – so steht es auf einem Schild am Eingang. Auf den Tischen liegen Papiertischdecken, eine Speisekarte gibt es nicht, aber Betto erklärt seinen Gästen gern, was er anzubieten hat: vor allem klassische römische »Arme-Leute-Küche«. Vegetarier können sich zwar an der fleischfreien Carbonara (mit Zucchini) oder Cacio e Pepe satt essen, wahre Fans kommen aber für Ochsenschwanz, Trippa oder andere Innereien.
91 *Via dei Savorgnan 99, Tel. 06-647 710 96*

Sora Margherita
Mehr als ein roter Vorhang und ein kleines Schild verraten nicht, dass sich mitten im jüdischen Viertel Roms ein Lokal versteckt. Drinnen ist nur für zwölf Tische Platz, also besser reservieren! Bekannt ist »Sora Margherita« für etwas, das in Rom noch schwerer zu finden ist als die Trattoria selbst: handgemachte Pasta. Die genießt man am besten, typisch römisch, mit »Cacio e Pepe« – mit Käse und Pfeffer –, was hier dank einer Extraportion Ricotta besonders cremig schmeckt.
92 *Piazza delle Cinque Scole 30, Tel. 06-687 42 16, www.soramargherita.com*

ERLEBEN

Vatikanische Museen mit Sixtinischer Kapelle
Riesig, beeindruckend, aber leider immer viel zu voll: Die Vatikanischen Museen sind eine Herausforderung in mehrfacher Hinsicht. Die päpstlichen Kunstsammlungen, die einen der größten und bedeutendsten Kulturschätze der Welt darstellen, verteilen sich auf mehr als 1300 Räume. Überblick verschafft die Website der Museen: Dort lässt sich der Rundgang vorab planen und für einen Aufpreis ein Onlineticket ohne Warteschlange buchen. Ein Muss sind die Sixtinische Kapelle, die Stanzen des Raffael sowie die Vatikanische Pinakothek mit Werken von Leonardo da Vinci, Raffael, Caravaggio und Giotto. Tipp: Von April bis Oktober öffnen die Museen freitagabends von 19 bis 23 Uhr für eine begrenzte Besucherzahl (online buchbar).
93 *Viale Vaticano, Tel. 06-69 88 46 76, www.museivaticani.va*

Galleria Borghese
Als Paolina Borghese dem Künstler Antonio Canova im Jahr 1807 Modell saß, war

Entspannen am Forum Romanum

das ein kleiner Skandal in Rom. Denn: Die Ehefrau von Camillo Borghese (und Lieblingsschwester von Napoleon) war unbekleidet – zur damaligen Zeit absolut verpönt. Doch immerhin schuf Canova daraus ein Meisterwerk: eine halb nackte Frau, die auf einem Kanapee ruht. Die Marmorskulptur namens »Ruhende Venus« zählt heute zu den bekanntesten Exponaten der Galleria Borghese – neben vielen Meisterwerken aus dem 15. bis 18. Jahrhundert, etwa von Gian Lorenzo Bernini, Caravaggio oder Raffael. Das Museum lässt nur eine begrenzte Besucherzahl zu, eine Anmeldung im Voraus ist daher ein Muss.
94 *Piazzale del Museo Borghese, Tel. 06-328 10, www.galleriaborghese.it*

Via Appia Antica und Katakomben

Die Via Appia Antica besichtigt man am besten zu Fuß – in festem Schuhwerk und am besten am Sonntag, wenn die 14 Kilometer zwischen Porta di San Sebastiano und der Ortschaft Santa Maria delle Mole für den Autoverkehr gesperrt sind. Auf dem Spaziergang kommt man nicht nur an der Maxentiusvilla und am Grabmal der Caecilia Metella vorbei, als Zwischenstopp lohnen sich vor allem die Katakomben San Callisto, San Sebastiano und Santa Domitilla. Die labyrinthartig verzweigten Grabstätten sind noch immer nicht zur Gänze erforscht, Besuchern wie Wissenschaftlern bieten sie einzigartige Einblicke in das frühe Christentum.
95 *Start: Porta San Sebastiano*
96 **Catacombe di San Callisto,** *Via Appia Antica 110, Tel. 06-513 01 51, www.catacombe.roma.it*
97 **Catacombe di San Sebastiano,** *Via Appia Antica 136, Tel. 06-785 03 50, www.catacombe.org*
98 **Catacombe di Santa Domitilla,** *Via delle Sette Chiese 282, Tel. 06-511 03 42, www.domitilla.info*

Maxxi

Spektakulär ist schon der Zaha-Hadid-Bau, in dem sich Roms Museum für Kunst des 21. Jahrhunderts befindet. Zu Beginn aufgrund der schwindelerregenden Kosten, die das Gebäude verursachte, harter Kritik ausgesetzt, gilt dieses inzwischen als ein Meisterwerk der 2016 verstorbenen Architektin. Tatsächlich kommen manche nur, um sich die Architektur anzusehen. Ein Fehler: Auch die Sammlung mit Werken von Anish Kapoor, Sol LeWitt und Maurizio Mochetti und die Wechselausstellungen sind mehr als einen Blick wert.
3 *Via Guido Reni 4A, Tel. 06-320 19 54, www.maxxi.art*

Street-Art-Touren

Rom sei ein riesiges Freilichtmuseum, hieß es schon immer – David Diavù Vecchiato liefert dafür seit 2010 neue Argumente. Damals gründete der Künstler sein Museum für Street- und Urban Art auf den Straßen des Stadtteils Quadraro. Die ersten Werke malte er selbst, dann steuerten viele weitere Künstler ihre bunten Wandgemälde und Graffiti bei. Eine Karte auf der Museumswebsite verrät, wo sie sich befinden. Online kann man auch geführte Touren (auf Englisch) buchen – durch sie finanziert sich das Projekt.
99 *Circonvallazione Casilina 62/64 (Büro), www.muromuseum.com*

Pantheon

Falls es während des Rom-Aufenthalts regnen sollte, ist das Pantheon der beste Ort, sich unterzustellen – und zuzusehen, wie das Wasser durch das Loch in der Kuppel fällt. Überhaupt gehört der von Kaiser Hadrian erbaute Göttertempel mit seiner 43,3 Meter weiten Kuppel zu den imposantesten Bauwerken der Stadt. Nicht ohne Grund wurde es zum architektonischen Vorbild für Kuppelbauten auf der ganzen Welt. In der Woche sind die Warteschlangen kürzer als am Wochenende.
100 *Piazza della Rotonda, Tel. 06-68 30 02 30, www.tinyurl.com/rom-pantheon*

Kapitolinische Museen

Die Reiterstatue Mark Aurels auf dem Kapitolsplatz ist nur eine Kopie. Für das Original muss man die Museen in den Palästen drum herum besuchen, die mehrere Antikensammlungen und Kunstgalerien beherbergen. Sehen kann man dort unter anderem auch das bronzene Abbild der Wölfin, die der Legende nach die beiden Gründer Roms, Romulus und Remus, säugte.
101 *Piazza del Campidoglio 1, Tel. 06-06 08, www.museicapitolini.org*

Centrale Montemartini

Eigentlich war es nur eine Übergangslösung: Als die Kapitolinischen Museen restauriert wurden, lagerte man einige der antiken Statuen in einem ehemaligen Elektrizitätswerk in Testaccio zwischen. Weil der Mix zwischen antiker Erhabenheit und industriellem Minimalismus beim Publikum aber so gut ankam, blieben die Skulpturen zwischen Turbinen, Rohren und Motoren stehen.
102 *Via Ostiense 106, Tel. 06-06 08, www.centralemontemartini.org*

→

EINKAUFEN

Via del Governo Vecchio

In dieser schmalen Gasse in der römischen Altstadt hat sich eine Vielzahl an Secondhand-Läden angesiedelt. In manchen muss man sich durch Klamottenhaufen wühlen, andere präsentieren ihre raren Stücke wie Kunstwerke. Neue Mode gibt es aber auch: Ein Favorit unter modehungrigen Männern ist »Kolby«, eine lokale Marke, die zu 100 Prozent in Italien produziert.

104 *Via del Governo Vecchio*

105 **Kolby,** *Via del Governo Vecchio 63/64/65, Tel. 06-68 80 37 32, www.kolby.it*

Antica Erboristeria Romana

Seit 1752 werden in diesem Geschäft heilende Kräuter, Salben und Tinkturen verkauft. Die beiden Inhaber, die Brüder Paolo und Riccardo Ospici, bauen ihre Wissen stetig aus und geben es auch gern weiter: Bei Kursen, die in der »Erboristeria« angeboten werden, lernt man über die wohltuende Wirkung der Pflanzen.

106 *Via di Torre Argentina 15, Tel. 06-687 94 93, www.anticaerboristeriaromana.it*

MERCATO DI PORTA PORTESE

Handeln ist auf dem Mercato di Porta Portese Pflicht. Genau wie ein entspanntes Tempo. Alle Stände bei einem Besuch zu sehen ist sowieso unmöglich. Da der Markt leider auch bei Taschendieben höchst beliebt ist, sollte man beim Bummeln auch seine eigenen Habseligkeiten stets im Blick behalten.

111 *Piazza di Porta Portese, sonntags, 6–14 Uhr*

Faraoni

Luigi Faraoni ist einer der letzten Kunsthandwerker seiner Art. Er stellt Mikromosaike her, eine Fertigkeit, die Ende des 19. Jahrhundert in Rom in Mode kam. Zusammen mit Roberto und Silvia Grieco gestaltet er die Mosaike nach historischen Vorbildern oder nach Auftrag. Kaufen kann man die fertigen Arbeiten im dazugehörigen Geschäft.

107 *Via Banchi Vecchi 137, www.romanmicromosaic.it*

FG Albertelli

Valentino Garavani gehörte zu den Stammkunden Piero Albertellis, des vielleicht besten Maßhemdenschneiders Roms. Der Modedesigner wusste, dass ein Hemd vor allem eins muss: sitzen. Und das tun die Hemden von Albertelli heute noch, auch wenn die Firma mittlerweile von Domenico D'Angelo und Luca Luchetti aufgekauft wurde, nun »FG Albertelli« heißt und mittlerweile sogar eine kleine Auswahl Prêt-à-porter anbietet.

108 *Piazza del Parlamento 9 B, Tel. 06-687 37 93, www.fgroma.com*

Libreria Fahrenheit

In dem 1953 erschienenen dystopischen Roman »Fahrenheit 451« von Ray Bradbury, nach dem die Buchhandlung auf dem Campo de' Fiori benannt wurde, ist der Besitz von Büchern strengstens untersagt. Mit diesem Gedanken im Kopf ist es noch inspirierender, sich durch das ausgesuchte Sortiment der Libreria zu blättern. Diese hat außerdem ein Herz für Nachteulen und dienstags bis samstags bis Mitternacht geöffnet.

109 *Piazza Campo de' Fiori 44, Tel. 06-687 59 30, www.libreriafahrenheit451.wordpress.com*

Myzar

Ob nun die mit Elementen aus Meisterwerken der Kunstgeschichte bedruckten Schals und Kimonos der griechischen Marke Herse oder auch die quietschbunte Pop-Art-Mode des bulgarischen Labels Jar & Jam – im Conceptstore »Myzar« kann man tatsächlich noch modische Entdeckungen machen. Für das übliche Einerlei hat sein Gründer Gabriele, der vorher als Modejournalist gearbeitet hat, keine Kleiderstange frei – dafür hat er umso mehr Gespür für die frischen Ideen von europäischen (Jung-)Designern.

110 *Via dell'Orso 73, Tel. 06-683 88 47, www.myzarstore.com*

TEXT: BEATE SCHEDER

FOTOVERMERKE

nach Seiten. Anordnung im Layout:
l. = links, r.= rechts, o. = oben, m. = Mitte, u. = unten

Titel: Beboy_ltd/Getty Images

Editorial: Getty Images: 3 o.; Peter Rigaud: 3 u.

Seite 4: Rocco Rorandelli/TerraProject für GEO Special: o. l.; Luigi Vaccarella/Huber Images: o. r.; Olga Makarova: u. r.

Seite 5: GOL/Capital Pictures/Ddp Images: o. l.; Bernardo Ricci Armani/Getty Images: o. r.; Alessandro Rota für GEO Special: u. l.; Getty Images: u. r.

Unterwegs erlebt: Guido Cozzi: 6 o. l.; Privat: o. m.; Alessandro Rota: o. r.; Getty Images/iStockphoto: u.

Take-off: Peter Rigaud: 8; Anna Serrano: 9 o.; Shutterstock: 9 u.; Paolo Riciotti/Alice Pasquini: 10 o.; ©CLET/Thank you to ArtCan Gallery: 10 m. l.; Privat: 10 m. r., 14 u.; ©2501: 10 u.; Getty Images: 11 o.; Federica Lissoni/Dog-a-Porter: 11 u.; Sandro Michahelles/Sintesi/Visum: 14 o.; Dogman/Alamode Film: 14 m.;

Illustration: Ole Häntzschel: 12/13

Auf immer und ewig Rom: Susan Wright: 16, 25, 27 u.; Richard Taylor/Huber Images: 17; Beboy_ltd/Getty Images: 18/19; Anna Serrano/Schapowalow: 20; Richard T Nowitz/AWL Images: 21; Felipe Rodriquez/Gallery Stock: 22/23; Lookphotos: 24; Getty Images: 26

Alta Moda – Fashion made in Milano: Pietro D'aprano/Getty Images: 30/31, 34 o. l., 36/37; Venturelli/Getty Images: 32; Monica Feudi Monica Feudi/Dolce & Gabbana: 33, 34 m., 35 u.; Ddp images: 34 o.r.; Capital Pictures/Ddp Images: 34 u.; Gamma-Rapho/Getty Images: 35 o.; Valerio Mezzanotti/Laif: 38 u.;

Einfach & exzellent: Guido Cozzi/Atlantide Phototravel für GEO Special: 40–49 außer Andrea Pistolesi: 42/43; Olga Makarova: 50, 51 o. r.; La Ménagère: 51 o. l.; Sofie Delauw: 51 u. l.; PR: 51 u. r.

Auf der Kippe: Getty Images: 52/53, 55 o. r.; Alexandra Kern/Plainpicture: 54; Luigi Mistrulli/ROPI: 55 o. l.; Privat: 55 u.

Luft nach Oben: Gennaro Leonardi/Getty Images: 56; Hufton + Crow: 57, 59 r. (3); Bernardo Ricci Armani/Getty Images: 58/59; Stefano Renier/Huber Images: 60 o.; Filippo Avandero: 60 m.; Andrea Martiradonna: 60 u.; Susan Wright: 60/61; Rene Mattes/Laif: 62/63; Hayes Davidson: 63 o.; PR: 63 m., 67 u.; Oskar Da Riz für Stahlbau Pichler: 63 u.; Mauritius Images: 64; Bas Princen/Fondazione Prada, @VG Bild-Kunst, Bonn 2018: 65; Serena Eller: 67 o.

Am Puls der Stadt: Privat: 68–71 außer Leonardo Cendamo: 69 m., 72; Davide Monteleone/Laif: 69 r.; Alessandro Ponti: 73

Sommer vor der Hütte: Rocco Rorandelli/TerraProject für GEO Special: 76–83

Das ABC der italienischen Politik: Saba Laudanna: 84; Andrea Jemolo/Akg-Images: 85 o.; Mondadori Portfolio/Akg-Images: 85 u.

Neuer Glanz für alte Meister: Paolo Tosi/Artothek: 86; Getty Images: 87; Birgitte Brøndsted: 88; Guido Cozzi/Atlantide Phototravel für GEO Special: 89–95 außer: Aisa/Fotofinder: 92 l.; Mauritius Images: 92/93, 97 o. r.; Antonio Quattrone/Grande Museo Dell Duomo: 96, 97 u. r.; Barabanschikow Alexander/Shutterstock: 97 o. l.; Giovanni Guarino/Getty Images: 97 u. l.

Forza Inter! – Forza Milan!: Alessandro Rota für GEO Special: 98–105 außer: PR: 98 m., 99 m.

Im Vatikan: Christopher Roberts/Plainpicture: 106

Zu viel des Guten: Andrea Frazzetta/Institute: 112–119 außer: Robert Alexander/Getty Images: 118

GEOcard: NHM wien: 120 l.; Landesmuseum für Vorgeschichte Halle (Saale), Juraj Liptak: 120 r.; Dr. Timo Moritz/Deutsches Meeresmuseum: 121 o.; Wolfgang Fuhrmannek, HLMD: 121 m. l.; Lars Landmann: 121 m. r.

Ave, Caesar!: Luca Locatelli/Institute: 122–128 außer: Privat: 128 o.

Preisrätsel: @Rocco Forte Hotels: 129 (3)

Special Guide: Anna Serrano: 133 o.l., 135; Alberto Blasetti: 133 o.r.; ©Hotel Photography: 133 u.; PR: 134 (2), 140 o., 138 o., 138 m.; Getty Images/iStockphoto: 136; Luigi Vaccarella/Huber Images: 137; Harriet Brown and Company Inc./Museo Ferragamo: 138 u. (2); Jeppetto/Juri Ciani/Flair: 139; Marco Varoli: 140 m., 141; Sergio Tornaghi: 140 u.

Vorschau: Martin Sasse/Laif: 143

Karten: Stephan Hauf: 146–148

Hotspots: Bas Princen/Fondazione Prada, @VG Bild-Kunst, Bonn 2018: 149 o. l.; Luca Locatelli/Institute: 149 o. m.; Rocco Rorandelli/TerraProject für GEO Special: 149 o. r.; PR: 149 u. l.; Salvatore Messina/Getty Images: 149 u. m.; Guido Cozzi/Atlantide Phototravel für GEO Special: 149 u. r.

Für unverlangt eingesandte Manuskripte und Fotos übernehmen Verlag und Redaktion keine Haftung.

©GEO 2018, Verlag Gruner + Jahr, Hamburg, für sämtliche Beiträge.

FLORENZ

Ganz Florenz ist ein Kunstwerk? Stimmt. Aber es gibt noch so viel mehr zu erkunden: Künstlercafés, Retro- und Designhotels, Möbel- und Modegeschäfte – und eine ganz besondere Apotheke, in die man unbedingt hineinschnuppern sollte

Piazza del Duomo

SCHLAFEN

€ Hotel Universo

Schnörkel treffen auf Pop: Die Zimmer in diesem renovierten Altbau sind mit Möbeln ausgestattet, die sich barock winden und vor poppigen Wänden in Szene gesetzt werden – und das alles ohne Schnickschnack, einfach funktional. Fragen Sie nach einem Zimmer mit Blick über die Piazza di Santa Maria Novella.

112 *Piazza di Santa Maria Novella 20, Tel. 055-2938 90, www.hoteluniversoflorence.com, DZ/F 80 €*

€ Rosso 23

Hier sehen Sie rote Frühstücksservietten, rote Flure, rote Lampen, rote Kissen, rote Skulpturen … Die Farbe ist, nun ja, der rote Faden des Hauses, das sich mitten in der historischen Altstadt in einem schmalen Palast aus dem 19. Jahrhundert versteckt.

113 *Piazza Santa Maria Novella 23, Tel. 055-27 73 01 99, www.hotelrosso23.com, DZ/F 98 €*

€€ & € Room Mate

Die internationale Boutiquehotel-Kette »Room Mate« macht ihren Namen zum Programm: Der Gast soll sich fühlen, als sei er zu Besuch bei einem Freund – einem, der klassische Möbel mit kräftigen Farben und auffälligen Mustern paart und der außerdem zum Frühstück Müsli, Früchte und Omelette serviert.
Das »Isabella« liegt an der Modemeile Via Tornabuoni, das »Luca« ruhiger in der Nähe der Piazza San Marco.

114 Room Mate Isabella, *Via Tornabuoni 13, Tel. 055-239 64 64, www.room-matehotels.com/de/isabella, DZ/F 139 €*

115 Room Mate Luca, *Via Ventisette Aprile 3, Tel. 055-264 55 39, www.room-matehotels.com/de/luca, DZ/F 89 €*

€€€ Soprarno Suites

Die großzügigen Zimmer hat die Designerin Betti Soldi mit Vintage-Möbeln und liebevollen Details wie Bullaugenlampen und alten Stadtansichten ausgestattet. Hohe Decken lassen den Gedanken Platz zum Träumen, während der Holzfußboden den Füßen schmeichelt. Diese müssen Sie nur ein paar Schritte weit tragen, um vom Hotel zum Palazzo Pitti und der hübschen Piazza Santo Spirito zu gelangen.

116 *Via Maggio 35, Tel. 055-046 87 19, www.soprarnosuites.com, DZ/F 154 €*

€€€ Continentale

Urbanes Flair trifft hier am Ufer des Arno auf mondänen Chic. Die Zimmer hat der Florentiner Designer Michele Bönan in edlem Weiß eingerichtet – und mit Schwarz-Weiß-Fotografien des Florenz der 50er-Jahre. Der Ponte Vecchio liegt direkt gegenüber, einen Steinwurf von der Dachterrasse entfernt.

117 *Vicolo dell'Oro 6 r, Tel. 055-27 26 40 00, www.continentalehotelflorence.com, DZ 375 €*

€€ Palazzo Ruspoli

Vor den Fenstern dieses Bed & Breakfast scheint die Marmorfassade des Doms zum Greifen nah. Die 15 Zimmer liegen im →

Hotelbalkon des »Palazzo Guadagni«

Snack im Café »Ditta Artigianale Oltrarno«

Schuhmode im »Museo Ferragamo«

zweiten und dritten Stock eines grandiosen Palazzo in der Fußgängerzone Via Martelli. Hohe Decken, schönes Parkett und große Fenster zeugen bis heute von der noblen Vergangenheit des Stadtpalais.
118 *Via Martelli 5, Tel. 055-267 05 63, www.palazzo-ruspoli.it, DZ/F 104 €*

€ Palazzo Guadagni

Hier nächtigt man über den Dächern von Florenz in der obersten Etage eines Palazzo und so, als sei man bei einer alteingesessenen, wohlhabenden Florentiner Familie zu Gast: Steinböden, Ölgemälde an den Wänden, lange Vorhänge, in einigen Zimmern Fresken unter den Decken und offene Feuerstellen. Höhepunkt ist jedoch der Dachgarten mit weitem Blick über die Stadt.
119 *Piazza Santo Spirito 9, Tel. 055-265 83 76, www.palazzoguadagni.com, DZ/F 90 €*

ESSEN & TRINKEN

Caffè Gilli

Jeder Schluck Espresso bekommt allein durch das Ambiente eine feine Note: Das »Gilli« ist ein – wenn nicht der – Klassiker unter den Cafés in Florenz. Im Jahr 1733 eröffnet, ist es das älteste der Stadt und seitdem Anlaufpunkt für Künstler und Intellektuelle.
120 *Via Roma 1 r, Tel. 055-21 38 96, www.caffegilli.com*

Ditta Artigianale Oltrarno

In diesem angesagten Café wird italienischer Kaffee neu definiert. Star-Barista und Besitzer Francesco Sanapo röstet die Bohnen selbst und kreiert ganz neue Geschmackssphären. Obendrein finden Sie hier mit die größte Auswahl an Gin, darunter der selbst in den florentinischen Hügeln destillierte »Peter in Florence«.
121 *Via dello Sprone 5 r, Tel. 055-045 71 63, www.dittaartigianale.it*

Caffè Letterario

Le Murate war einst das Gefängnis der Stadt, heute ist es ein Ort der künstlerischen Freiheit zwischen dicken Steinmauern. Im Sommer trinkt man im Innenhof seinen *aperitivo* bei Lesungen, Filmabenden, Ausstellungen oder Konzerten.
122 *Piazza delle Murate, Tel. 055-234 68 72, www.lemurate.it*

Jazz Club

In diesen Gewölbekeller pilgern Musikfans bereits seit 1979. Die Konzerte – mal wird Funk, mal Blues, hauptsächlich jedoch Jazz gespielt – finden meist von dienstags bis sonntags statt.
123 *Via Nuova de Caccini 3, www.facebook.com/jazzclubfirenze.it*

Vivoli

Diese Familie versteht ihr Handwerk! Bereits seit 1929 und vier Generationen verkauft Familie Vivoli im schmalen Teil der Via dell'Isola delle Stinche Eis und Kaffee. Bestellen Sie am besten gleich beides zusammen in einer Tasse als *affogato*, Eiskaffee.
124 *Via dell'Isola delle Stinche 7 r, Tel. 055-29 23 34, www.vivoli.it*

Vestri

Ein Paradies für Schokoladenliebhaber. Hier gibt es Eis und Schokolade, hausgemacht aus Kakaobohnen der familieneigenen Plantage in Santo Domingo. Sie türmt sich in allen erdenklichen Formen und Geschmacksrichtungen im Laden und hat es zu internationaler Berühmtheit gebracht.
125 *Borgo degli Albizi 11 r, Tel. 055-234 03 74, www.vestri.it*

ERLEBEN

Museo Ferragamo

Im Universum der Schuhe ist die Ferragamo-Galaxie eine der ganz großen – und ein Besuch dieses Museums wird zur Reise in ihr Innerstes: Fotografien, Entwürfe und Nachbildungen von Kreationen für berühmte Kunden der Luxusmarke werden hier ausgestellt, genauso wie eine wechselnde Auswahl der mehr als 10 000 Schuhmodelle im Museumsfundus.
126 *Piazza Santa Trinita 5 r, Tel. 055-356 28 46, www.ferragamo.com/museo*

Stazione Leopolda

Unverputzte Wände, Stahlträger unter der Decke: Die Stazione Leopolda mit ihrer riesigen Halle war vor 170 Jahren der erste Bahnhof in Florenz. Heute machen hier Modeliebhaber und Feinschmecker aus aller Welt halt und besuchen wechselnde Food-Conventions und Ausstellungen.
127 *Viale Fratelli Rosselli 5, Tel. 055-21 26 22, www.stazione-leopolda.com*

Museo Horne

Der Engländer Herbert P. Horne zog Ende des 19. Jahrhunderts nach Florenz, um die Renaissance zu studieren – und völlig in sie einzutauchen. Heute können das Besucher seines zum Museum umgewandelten Palazzo, wenn sie seine Sammlung exquisiter Kunst- und Möbelstücke vom 14. bis zum 17. Jahrhundert mustern.
128 *Via de' Benci 6, Tel. 055-24 46 61, www.museohorne.it*

Museo Franco Zeffirelli
Dem florentinischen Meisterregisseur Franco Zeffirelli wurde ein Museum gewidmet. Es eröffnete im Oktober 2017. Zu sehen sind Zeichnungen, Setfotos und Originalkostüme aus Theater-, Oper- und Filmproduktionen, viele von ihnen preisgekrönt und in Zusammenarbeit mit Größen wie Maria Callas oder Elizabeth Taylor entstanden.
129 *Piazza San Firenze 5, Tel. 055-28 10 38, www.fondazionefrancozeffirelli.com*

Museo Novecento
Alt trifft Neu: Das zeitgenössische Museo Novecento liegt gegenüber der Basilika Santa Maria Novella. Ausgestellt werden die Werke italienischer Künstler aus dem 20. Jahrhundert. Einblick in das Florenz dieser Zeit geben Filmausschnitte im kleinen Kino unter dem Dach.
130 *Piazza di Santa Maria Novella 10, Tel. 055-28 61 32*

Museo Marino Marini
Die Skulpturen und Gemälde von Marino Marini sind ein Gestalt gewordener Aufschrei gegen die Inhumanität der Moderne. In der zum Museum umgebauten Kirche San Pancrazio, die allein schon einen Besuch wert ist, werden nahezu 200 seiner Werke gezeigt. Das Museum ist momentan wegen Renovierungsarbeiten geschlossen, die Wiedereröffnung ist für Mitte Oktober geplant. Ein genauer Termin stand bei Redaktionsschluss nicht fest, weitere Informationen auf der Website des Museums.
131 *Piazza di S. Pancrazio, Tel. 055-21 94 32, www.museomarinomarini.it*

Santa Croce
Die Marmorfassade einer der größten Franziskanerkirchen der Welt strahlt über Florenz, das Lebenswerk der in ihrem Inneren bestatteten Größen über ganz Italien und darüber hinaus: Die eindrucksvolle Kirche (siehe S. 88) ist die letzte Ruhestätte von Michelangelo, Rossini, Machiavelli und Galileo Galilei.
132 *Piazza Santa Croce 16, Tel. 055-246 61 05, www.santacroceopera.it*

Santa Maria Novella
Das imposante Kirchenschiff und die Kreuzgänge dieser Basilika im gotischen Stil sind mit kostbaren Fresken geschmückt. An die Dominikanerkirche schließt sich ein monumentaler Klosterkomplex an, dessen Schönheit schon die alten Meister inspirierte. Giotto und Botticelli etwa hinterließen hier ihre künstlerischen Spuren.
133 *Piazza Santa Maria Novella 18, Tel. 055-21 92 57, www.smn.it*

Gut eingerichtet: Im »Flair« findet man Vintage-Möbel und Kunstobjekte

EINKAUFEN

Shoppingstraßen
Dreimal Einkaufen und Bummeln in Florenz: Luxuriös in der von imposanten Adelspalästen und Edelboutiquen gesäumten Prachtstraße Tornabuoni. Ausgefallen in der Via Roma, wo es neben bekannteren Marken auch einige Secondhand- und Vintage-Läden gibt. Und einmalig in der Via della Spada, mit kleinen Ateliers und Designgeschäften.
134 *Via de' Tornabuoni*
135 *Via Roma*
136 *Via della Spada*

San Frediano
Eines der ältesten Viertel von Florenz entwickelt sich zum Treffpunkt der jüngeren Leute. Neben Cafés und Restaurants warten hier, versteckt in engen Straßen, feine Antiquitätenläden, Handwerksgeschäfte und Künstlerateliers darauf, entdeckt zu werden.
137 *Borgo S. Frediano*

Officina Profumo-Farmaceutica di Santa Maria Novella
Weltberühmt, Augenweide und Nasenschmeichler: Ein Besuch in der 1612 gegründeten Apotheke lohnt sich auf jeden Fall – egal ob man die edlen Seifen, Cremes und mittelalterlichen Heilmittel auf Kräuterbasis kaufen oder einfach nur mal anschauen möchte.
138 *Via della Scala 16, Tel. 055-21 62 76, www.smnovella.it*

Flair
In einem Renaissance-Palazzo bieten die Inneneinrichter Alessandra Tabacchi und Franco Mariotti Vintage-Möbel aus Europa und Amerika, von Art déco bis hin zum glamourösen Chic der 1980er-Jahre. Ergänzt wird die Schau um eigene Kreationen und Kunstobjekte, die in kleinen Serien von toskanischen Handwerkern gefertigt werden.
139 *Lugarno Corsini 24 r, Tel. 055-267 01 54, www.flair.it*

Spezierie Palazzo Vecchio
Wie duftete das Lieblingsparfum von Caterina de'Medici? Giovanni di Massimo weiß es. In seiner Boutique verkauft er von der Renaissance inspirierte Parfums. »Acqua mirabile odorosa di Firenze« oder eben »Caterina de' Medici« heißen seine Kreationen. Letzteres duftete übrigens nach Mandarine und Kamille.
140 *Via Vacchereccia 9 r, Tel. 055-239 60 55*

TEXT: PAULA KERSTEN

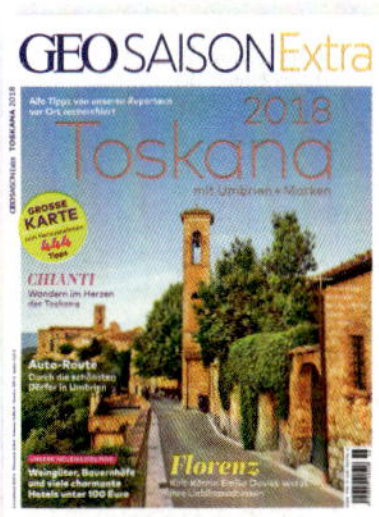

Noch mehr Tipps zu Florenz und Umgebung finden Sie im aktuellen GEO SAISON Extra »Toskana«. 8,50 €, jetzt am Kiosk erhältlich

Früher Bauernhof, heute Landhotel: »Un Posto a Milano«

MAILAND

In welchem Hotel wohnt man zwischen moderner Kunst? Wo gibt es die besten Pralinen und Panettones? Und wo bekommt man Designerhandtaschen mit etwas Glück zum Schnäppchenpreis? Bitte schön: Die Antworten finden Sie hier

Überzeugender Service in der Trattoria »Trippa«

Schreibwaren-Paradies: das »Fratelli Bonvini« (siehe S. 142)

SCHLAFEN

€€€ Senato Hotel

Allein die Messinglampen in Form von Ginkgoblättern am Empfang: pure Perfektion. Sie sind wie jedes Detail eigens vom Architekten Alessandro Bianchi für das Mailänder Boutiquehotel entworfen worden. Überhaupt wird im »Senato« nichts dem Zufall überlassen: Über die Auswahl der Menüs wacht eine Food-Kuratorin, eine Pflanzenszenografin kümmert sich ums Grün und ein Musikdirektor um die Beschallung.
141 *Via Senato 22, Tel. 02-78 12 36, www.senatohotelmilano.it, DZ/F ab 230 €*

€ Un Posto a Milano

Als der Bauernhof im 18. Jahrhundert gebaut wurde, heute ein Zentrum für Kultur, Essen und nachhaltige Landwirtschaft namens »Un Posto a Milano«, lag er noch vor den Toren Mailands. Heute genießen die Besucher beides: den Flair der Großstadt und die Idylle des Landes. Die vier Zimmer eignen sich für jeweils ein bis vier Personen. Im Restaurant gibt es eigenes Obst und Gemüse, in der Gemeinschaftsküche selbst Zubereitetes.
142 *Via Cuccagna 2, Tel. 02-545 77 85, www.unpostoamilano.it, DZ ab 90 €*

€€€ Straf

Architekt und Designer Vincenzo De Cotiis hat ein Gespür für Texturen. Anders ist nicht zu erklären, wie er aus Materialien wie Zement, Messing, Glas und Eisen ein Interieur schaffen konnte, in dem man sich pudelwohl fühlt. Vor die Tür zu gehen lohnt sich dennoch: Bis zum Dom sind es nur 50 Meter.
143 *Via San Raffaele 3, Tel. 02-80 50 81, www.straf.it, DZ/F ab 204 €*

€€ Rossosegnale

Gastfreundschaft im Zeichen des roten Aufzugs – nach dem ist dieses Bed & Breakfast nämlich benannt. Raoul und Alberto erfüllten sich 2013 in einer ruhigen Wohngegend Mailands ihren Traum von der eigenen Pension mit Kunstgalerie. Im »3001 Lab« finden Ausstellungen statt. Kuratiert sind auch die drei Gästezimmer, jedes erzählt eine eigene Geschichte. Im Garten und auf der Dachterrasse kann man sich darüber mit anderen Gästen austauschen. Zur Metrostation Loreto sind es zu Fuß fünf Minuten.
144 *Via Sacchini 18, Tel. 02-29 52 74 53, www.rossosegnale.it, DZ ab 114 €*

€€€ Bulgari Hotel Milano

Eine Luxusoase im Herzen der Stadt: Eingebettet in einen 4000-Quadratmeter-Garten liegt das prunkvolle Anwesen mit 58 Zimmern und Suiten, Restaurant, Bar und Spa. Wer es sich leisten kann, nächtigt in der »Bulgari Suite« im obersten Stockwerk. Wer nur ein kleines Vermögen ausgeben will, setzt sich für einen Drink in den Garten.
145 *Via Privata Fratelli Gabba 7 b, Tel. 02-805 80 51, www.bulgarihotels.com, DZ/F ab 760 €*

€€€ Hotel Viu Milan

Wem die Schlange vor dem Lift zum Dach des Mailänder Doms zu lange ist, der nimmt sich ein Zimmer im neuen »Hotel Viu« im Viertel Porta Volta: Oben auf dem achtstöckigen Designhotel mit seinen Glasfronten, vertikalen Gärten und eleganten Molteni-Interieurs befindet sich eine schicke Dachbar mit Pool, Terrassen und großartigem Ausblick über Mailands neue Architekturlandschaften.
146 *Via Aristotile Fioravanti 6, Tel. 02-80 01 09 10, www.hotelviumilan.com, DZ/F ab 288 €*

ESSEN & TRINKEN

Pasticceria Marchesi

Ob Torten, Panettone, Schokoladen, Fondants oder Bonbons – die zartesten Versuchungen kommen in Mailand seit 1824

aus dem Haus Marchesi. Mit süßem Konfekt machte sich die Konditorei schnell einen Namen. Anfang des 20. Jahrhunderts wurde sie zum eleganten Café erweitert, dessen Art-déco-Mobiliar noch heute in Gebrauch ist. Seit 2014 gehört die »Pasticceria« zu 80 Prozent dem Modehaus Prada, das zwei weitere Filialen in der Via Monte Napoleone und in der Galleria Vittorio Emanuele II eröffnete.
147 148 *Via Santa Maria alla Porta 11 a, Tel. 02-86 27 70, www.pasticceriamarchesi.com*

Bar Magenta
Die »Bar Magenta« ist bereits seit mehr als 100 Jahren angesagt. Man kommt morgens zum Kaffee, tagsüber für ein Sandwich, am frühen Abend für den *aperitivo* mit Buffet. Die Mailänder Gastroinstitution macht sich außerdem um die Kunstszene verdient, zeigt Malerei und Fotografien lokaler Künstler und wurde auch selbst schon verewigt: Unter anderem war sie Schauplatz im Film »Asso« mit Adriano Celentano in der Hauptrolle.
149 *Via Giosuè Carducci 13, Tel. 02-805 38 08, www.barmagenta.it*

La Bottega del Gelato
Seit 1964 rühren Giunetto Cardelli und seine Nachfahren die cremigsten Frucht- und Milcheissorten an. Und Cardelli wird nicht müde, sich Jahr für Jahr neue Sorten einfallen zu lassen, wie zuletzt ein Eis aus Matchatee oder ein Sorbet aus schwarzen Maulbeeren. Fast zu schön zum Essen sind die mit zart schmelzendem Sorbet gefüllten Früchte.
150 *Via Pergolesi 3, Tel. 02-29 40 00 76, www.labottegadelgelato.it*

Trippa
Die italienische Wochenzeitschrift »l'Espresso« kürte diese Trattoria zur besten Italiens. Wer aber ein alteingesessenes Traditionslokal erwartet, täuscht sich. Zwar sieht »Trippa« so aus, als ob es bereits seit den 1950er-Jahren besteht, tatsächlich machten sich Diego Rossi und Pietro Caroli erst 2015 mit ihrer regionalen, saisonalen Küche selbstständig. Die Herzen und Mägen der Mailänder eroberten sie damit im Sturm.
151 *Via Giorgio Vasari 1, Tel. 327-668 79 08, www.trippamilano.it*

The Botanical Club
Als erste Mikrodestillerie Mailands hat sich »The Botanical Club« auf Gin spezialisiert, den sie in wechselnden Variationen anbietet – die Barkeeper beraten gern. Damit die hausgemachten Spirituosen nicht zu schnell zu Kopf steigen, empfiehlt es sich, die Drinks mit dem einen oder anderen Leckerbissen aus dem auf Fusion-Küche spezialisierten Restaurant zu kombinieren.
152 *Via Pastrengo 11, Tel. 02-36 52 38 46, www.thebotanicalclub.com*
153 *Zweiter Standort: Via Tortona 33, Tel. 02-423 28 90*

Latteria San Marco
Essen wie es sein soll: einfach, lecker und gut bekömmlich. Arturo Maggi, der in der ehemaligen Molkerei seit mehr als einem halben Jahrhundert am Herd steht, glaubt nicht nur an die Kraft der Fermentation, sondern auch an die seiner silbernen Töpfe – sie sollen sein Essen verdaulicher machen. Gemüse und Salate baut er selbst an. Besonders zu empfehlen: die *crudaiola*, eine kalte Gemüsesoße.
154 *Via San Marco 24, Tel. 02-659 76 53*

ERLEBEN

Galerientour
Wer sich für zeitgenössische Kunst interessiert, muss in Mailand keine weiten Wege fürchten. Der Großteil der einschlägigen Adressen für Sammler und solche, die es werden wollen, befindet sich in der Innenstadt. Auf die Liste für den Bummel durch die Galerien gehören unter anderem Gió Marconi, Massimo De Carlo, Lia Rumma und Zero.
155 **Gió Marconi,** *Via Alessandro Tadino 20, Tel. 02-29 40 43 73, www.giomarconi.com*
156 **Massimo De Carlo,** *Via Giovanni Ventura 5, Piazza Belgioioso 2, www.massimodecarlo.com*
157 **Lia Rumma,** *Via Stilicone 19, Tel. 02-29 00 01 01, www.liarumma.it*
158 **Zero,** *Viale Premuda 46, Tel. 02-87 23 45 77, www.galleriazero.it*

Hangar Bicocca
Einst stellte Pirelli in dem monumentalen Industriegebäude Lokomotiven her, heute wird hier zeitgenössische Kunst präsentiert. Dauerhaft und speziell für diesen Ort konzipiert ist eine Installation von Anselm Kiefer sowie eine Stahlskulptur von Fausto Melotti, die sich im Außenbereich befindet. Wechselausstellungen – im Oktober beginnt etwa eine Retrospektive des Arte-Povera-Künstlers Mario Merz – ergänzen das Programm.
159 *Via Chiese 2, Tel. 02-66 11 15 73, www.hangarbicocca.org, Eintritt frei*

Triennale Design Museum
Nicht nur im Frühling, wenn der »Salone del Mobile« Design-Aficionados aus aller Welt in die Lombardei führt, macht Mailand seinem Ruf als Design-Mekka alle Ehre. Das »Triennale Design Museum« ist das erste Museum →

Vitello tonnato im »Trippa«

für italienisches Design überhaupt. 2007 gegründet, beleuchtet es in Wechselausstellungen Gegenwart und Vergangenheit italienischer Gestaltung. In der aktuellen Ausstellung spiegeln 180 ikonische Objekte die Weltsicht des 20. Jahrhunderts.
160 *Palazzo della Triennale Viale Alemagna 6, Tel. 02-72 43 41, www.triennale.org/design_museum*

Teatro alla Scala
Mit »L'Europa riconosciuta« von Antonio Salieri öffnete das Teatro alla Scala im Jahr 1778 erstmals seine Türen für das Opernpublikum und gilt seitdem als eine Art italienisches Nationalheiligtum in Sachen Musiktheater. Nach einer aufwendigen Sanierung Anfang der 2000er-Jahre sind Akustik und Bühnentechnik auf Weltklasse-Niveau. Tipp: Am besten hören und sehen soll man in den Parkettlogen Nummer 18 links und rechts neben dem Palco Centrale.
161 *Via Filodrammatici 2, Tel. 02-887 91, www.teatroallascala.org*

Dom
Am prunkvollsten strahlt die drittgrößte Kirche der Welt zweifellos in der Abendsonne. Vom Dach des Marmorbaus aus, das man per Aufzug oder Treppen erreicht, kann man nicht nur die Steinmetzarbeiten aus der Nähe bewundern, sondern hat auch einen fantastischen Blick über die Stadt. Seit Kurzem ist es möglich, für 22,50 Euro Schnellzugangstickets für die Panoramaterrasse online zu buchen.
162 *Piazza del Duomo, www.duomomilano.it*

Navigli Lombardi
Für Mailand, einer Stadt ohne Fluss, war der Bau von Wasserstraßen schon in der Antike von enormer Wichtigkeit. Sieben Jahrhunderte dauerte es letztlich, bis das Kanalsystem, wie es heute besteht, errichtet wurde. Auch Leonardo da Vinci war daran maßgeblich beteiligt. Er arbeitete an der Entwicklung der Schleusen mit. Herrlich ist es, an den Navigli entlang zu spazieren, noch bequemer, sie mit dem Schiff zu befahren.
163 *Besucherzentrum im Palazzo Pirelli: Via Fabio Filzi 22, Tel. 02-667 91 31, www.naviglilombardi.it*

EINKAUFEN

Mercatone del Naviglio Grande
Mailänderinnen halten hier vor allem Ausschau nach gut erhaltenen Designerhandtaschen. Am letzten Sonntag jedes Monats verwandelt sich die Gegend um den Naviglio Grande in einen riesigen Floh- und Antikmarkt. Die Preise sind nicht unbedingt günstig, dafür kann man an den zahlreichen Ständen durchaus Raritäten entdecken.
164 *Alzaia Naviglio Grande 4, Tel. 02-89 40 99 71, www.navigliogrande.mi.it*

L'Arabesque
Chichi Meronis Reich funkelt wie ein Juwel. Die Designerin, Vintage-Liebhaberin und Interiorexpertin hat in ihrer Wunderkammer Schätze vergangener Epochen zusammengetragen und so gekonnt arrangiert, dass man fast nichts davon wegnehmen möchte. Mit einem Laden fing es an, mittlerweile firmiert unter dem Namen L'Arabesque auch ein Café, eine Designgalerie und ein Antiquariat.
165 *Largo Augusto 10, Tel. 02-76 01 48 25, www.larabesque.net*

Stivaleria Savoia
Rahmengenäht und nach Maß gefertigt sind die Stiefel, die aus der Werkstatt der »Stivaleria Savoia« stammen. Kein Wunder, dass auch schon der eine oder andere Spross europäischer Adelsfamilien oder auch Hollywoodstars hier geordert haben soll.
166 *Via Petrarca 7, Tel. 02-46 34 24, www.stivaleriasavoia.it*

Fratelli Bonvini
Im Jahr 2014 machte sich eine Gruppe grafikverliebter Freunde daran, ein sehr spezielles Dornröschen wach zu küssen: das Papierwarengeschäft »Fratelli Bonvini« aus dem Jahr 1909. Sorgsam restaurierten sie das Ladengeschäft, so wie es damals aussah, en détail. Auch die Produkte hätte man schon Anfang des 20. Jahrhunderts dort erwerben können – Federhalter, feine Papiere, Stempel, Stifte.
167 *Via Tagliamento 1, Tel. 02-539 21 51, www.bonvini1909.com*

Spazio Rossana Orlandi
Man nennt sie auch die »Anna Wintour des Designs«: Rossana Orlandi ist eine Legende. Als sie 2002 eine Krawattenfabrik in eine Designgalerie verwandelte, hatte sie sich als Designerin für Strickmode bereits einen Namen gemacht. Mit Möbeln, Design und Kunst klappte das genauso gut. Vorbeischauen macht Spaß, auch wenn die Urlaubskasse den Erwerb eines jener entzückenden Möbelstücke – etwa vom spanischen Stardesigner Jaime Hayon – nicht erlaubt. Für das schmalere Portemonnaie gibt es Accessoires oder Bücher.
168 *Via Matteo Bandello 14/16, Tel. 02-467 44 71, www.rossanaorlandi.com*

Peck
Schon beim Blick in die Gänge läuft einem das Wasser im Munde zusammen: Käse, Wurst, Fleisch, Früchte, Brot, alles in feinster Qualität. Gegründet wurde das Delikatessgeschäft 1883 von Franz Peck, einem Prager Metzger, der zunächst geräuchertes Fleisch feilbot. Die anderen Produkte kamen nach und nach hinzu. Im ersten Stock serviert das Restaurant »Peck« ausgewählte Spezialitäten.
169 **170** *Via Spadari 9, Tel. 02-802 31 61, www.peck.it*

TEXT: BEATE SCHEDER

GEO SPECIAL

IMPRESSUM

Gruner + Jahr GmbH
Am Baumwall 11, 20459 Hamburg.
Postanschrift für Verlag und Redaktion:
Brieffach 24, 20444 Hamburg,
Telefon: 040/3703-0, Fax: 040/37035680
E-Mail: swiderek.judith@geo.de, Internet: www.GEO.de

Chefredakteur: Lars Nielsen
Stellvertretende Chefredakteurin: Kornelia Dietrich
Verantwortliche Textredakteurin: Kirsten Bertrand
Verantwortliche Bildredakteurin: Anja Jöckel
Verantwortlicher Grafiker: Frank Strauss
Chefin vom Dienst: Antje Wischow
Textredaktion: Steffi Hentschke, Meike Kirsch, Margitta Schulze Lohoff
Bildredaktion: Frauke Körting, Chantal Alexandra Pilsl
Grafik: Anna Koslowski
Geschäftsführende Redakteurin: Maike Köhler
Projektleitung Redaktionsmanagement: Dr. Verena Nießing
Verifikation: G+J Informationsrecherche
Kartografie: Stephan Hauf (FR)
Schlussredaktion: Oliver Holzweißig, Ilka Weihmann
Assistentin der Chefredaktion: Judith Swiderek
Honorare/Spesen: Katrin Schäfer
Verantwortlich für den redaktionellen Inhalt: Lars Nielsen

Redaktionsbüro New York: 535 Fifth Avenue, 29th floor, New York, NY 10017

Publisher: Dr. Gerd Brüne, Florian Gless
Digital Business Director: Carina Laudage
Director Brand Solutions: Daniela Krebs
Sales Director: Franziska Bauske/ DPV Deutscher Pressevertrieb
Marketing Director: Frank Thomsen
Marketing Managerin: Pascale Victoir
Herstellung: G+J Herstellung, Heiko Belitz (Ltg.), Mario Richter

Verantwortlich für den Anzeigenteil: Daniela Krebs, G+J e|MS, Am Baumwall 11, 20459 Hamburg.
Es gilt die jeweils aktuelle Preisliste.
Infos hierzu: www.gujmedia.de
Bankverbindung: Deutsche Bank AG Hamburg,
IBAN: DE30 2007 0000 0032 2800 00, BIC: DEUTDEHH
Druckvorstufe: 4mat Media, Michael Doll
Druck: Mohn Media Mohndruck GmbH, Gütersloh

GEO Special ist auf Papier gedruckt, das aus 20 Prozent ausschließlich chlorfrei gebleichtem Zellstoff, 60 Prozent Durchforstungsholz und 20 Prozent Altpapier hergestellt ist. Printed in Germany

GEO Special (USPS no 0014523) is published bi-monthly by GRUNER + JAHR GmbH. Subscription price for USA is $ 60 per annum. K.O.P.: German Language Pub., 153 S Dean St, Englewood NJ 07631. Periodicals postage is paid at Paramus NJ 07652. Postmaster: Send address changes to: GEO Special, GLP, PO Box 9868, Englewood NJ 07631

GEO-SPECIAL LESERSERVICE

Fragen an die Redaktion
Telefon: 040/37033712, Fax: 040/37035680
E-Mail: briefe@geo.de

ABONNEMENT- UND EINZELHEFT-BESTELLUNG

Kundenservice und Bestellung
Anschrift: GEO-Special-Kundenservice, 20080 Hamburg
E-Mail: kundenservice@dpv.de
Telefon: 0049-040/55558990, Fax: 0049-040/55557803
Persönlich erreichbar: Mo–Fr 7.30–20 Uhr, Sa 9–14 Uhr
24 Stunden Online-Kundenservice
www.geo.de/kundenservice
Preise Jahresabonnement
Deutschland: 57,00 €, Österreich: 64,80 €
Schweiz: 94,80 sfr

BESTELLADRESSEN FÜR GEO-BÜCHER, GEO-KALENDER, SCHUBER ETC.

Anschrift: GEO-Versand-Service, 74569 Blaufelden,
Hotline-Telefon: 040/42236427,
Hotline-Fax: 040/42236663, E-Mail: guj@sigloch.de
ISBN 978-3-652-00764-1
ISBN 978-3-652-00770-2 (Heft mit DVD)
ISSN 0723-5194

GEO SPECIAL Ab 7. November 2018 am Kiosk

i

Alle Tipps dieser Ausgabe finden Sie farblich nach Kategorien sortiert auf der Karte Seite 146–148

ESSEN & TRINKEN
Restaurants, Cafés, Bars

EINKAUFEN
Geschäfte, Boutiquen, Märkte

ERLEBEN
Sehenswürdigkeiten, Museen

SCHLAFEN
Hotels

TAKE OFF (S. 8–14)

1 (K5) **Palazzo Strozzi,** *Florenz, Piazza degli Strozzi, Tel. 055-264 51 55, www.palazzostrozzi.org*

2 (H3) **Maggio Musicale Fiorentino,** *Florenz, Piazza Vittorio Gui 1, Tel. 055-277 93 09, www.maggiofiorentino.comi*

3 (D1) **Maxxi Museum,** *Rom, Via Guido Reni 4 a, Tel. 06-320 19 54, www.maxxi.art*

4 (K7) **Madova,** *Florenz, Via de' Guicciardini 1R, Tel. 055-239 65 26, www.madova.com*

5 (R4) **Temellini,** *Mailand, Via Dell'Orso 5, Tel. 02-83 64 51 52, www.temellinimilano.com*

ODE AN ROM (S. 16–29)

6 (A/B3) **Petersdom,** *Piazza San Pietro, www.tinyurl.com/petersdom*

7 (C3) **Engelsbrücke,** *Ponte Sant'Angelo*

8 (D4) **Piazza Navona**

9 (E3) **Spanische Treppe,** *Piazza di Spagna*

10 (E4) **Trevi-Brunnen,** *Piazza dei Trevi*

11 (F5) **Kolosseum,** *Piazza del Colosseo 1*

12 (E5) **Forum Romanum,** *Largo della Salara Vecchia 5/6*

13 (D5) **Aristocampo Trastevere,** *Via della Lungaretta 75, Tel. 06-58 33 55 30, www.aristocampotrastevere.com*

MODE MAILAND (S. 30–39)

14 (T5) **Fashion Week,** *Piazza San Babila*

15 (S2) **Fashion Week,** *Piazza Gae Aulenti, www.milanomodadonna.it*

16 **17** (R/S2) **10 Corso Como,** *Corso Como 10, Tel. 02-29 00 26 74, www.10corsocomo.com*

18 **19** (R7) **Six,** *Via Scaldasole 7, Tel. 02-36 51 99 10, www.six-gallery.com und www.sixieme-bistro.com*

20 **21** (T5) **Villa Necchi Campiglio,** *Via Mozart 14, Tel. 02-76 34 01 21, www.tinyurl.com/villa-necchi-campiglio*

FOOD FLORENZ (S. 40–51)

22 (H1) **Da Burde,** *Via Pistoiese 154, Tel. 055-31 72 06, www.burde.it*

23 (K4) **Mercato Centrale,** *Via dell'Ariento, Tel. 055-239 97 98, www.mercatocentrale.it*

24 (K4) **Trippa e Lampredotto,** *Via dell'Ariento, Ecke Via S. Antonino, Außenbereich, www.lupenemargo.it*

25 (N5) **Cibrèo,** *Trattoria: Via de' Macci 122 r, www.cibreo.com*

26 (M6) **Enoteca Pinchiorri,** *Via Ghibellina 87, Tel. 055-24 27 57, www.enotecapinchiorri.it*

27 (L4) **Trattoria Mario,** *Via Rosina 2 r, Tel. 055-21 85 50, www.trattoria-mario.com*

28 (L4) **La Ménagère,** *Via dè Ginori 8 r, Tel. 055-075 06 00, www.lamenagere.it*

29 (H7) **Trattoria BBQ,** *Piazza Torquato Tasso 9/10 r, Tel 055-512 03 76, www.trattoriabbq.com*

30 (L4) **Sergio Gozzi,** *Piazza S. Lorenzo 8r, Tel. 055-28 19 41*

31 (N5) **Enoteca Fiorentina,** *Borgo Ognissanti 25 r, Tel. 055-388 01 77, www.enotecafiorentina.it*

32 (K4) **Casa del Vino,** *Via dell'Ariento 16 r, Tel. 055-21 56 09, www.casadelvino.it*

33 (K7) **Enoteca Pitti,** *Piazza Pitti 16, Tel. 055-21 27 04, www.pittigolaecantina.com*

34 (K6) **Trattoria Cammillo,** *Borgo S. Jacopo 57 r, Tel. 055-21 24 27*

35 (J6) **Il Santo Bevitore,** *Via di Santo Spirito 64/66, Tel. 055-21 12 64, www.ilsantobevitore.com*

36 (L4) **Cafaggi,** *Via Guelfa 35 r, Tel. 055-29 49 89, www.ristorantecafaggi.it*

ARCHITEKTUR MAILAND (S. 56–67)

37 (P7) **GA Milano,** *Via Savona 103, Tel. 347-484 57 29, www.ga-milano.it*

38 (P7) **Museo delle Culture,** *Via Tortona 56, Tel. 02-549 17, www.mudec.it*

39 (T8) **Fondazione Prada,** *Largo Isarco 2, Tel. 02-56 66 26 11, www.fondazioneprada.it*

40 (R2) **Fondazione Giangiacomo Feltrinelli,** *Viale Pasubio 5, Tel. 02-495 83 41, www.fondazionefeltrinelli.it*

41 (S2) **Casa della Memoria,** *Via Federico Confalonieri 14, Tel. 02-88 44 41 02*

42 **43** (P7) **Base Milano,** *Via Bergognone 34, base.milano.it*

PORTRÄTS MAILAND (S. 68–74)

44 (S2) **Piazza Gae Aulenti**

45 (T3) **Joia,** *Via Panfilo Castaldi 18, Tel. 02-29 52 21 24, www.joia.it*

46 (T4) **PAC,** *Via Palestro 14, Tel. 02-88 44 63 59, www.pacmilano.it*

47 (R5) **Trattoria Milanese,** *Via Santa Marta 11, Tel. 02-86 45 19 91*

48 (U3) **Bar Basso,** *Via Plinio 39, Tel. 02-29 40 05 80, www.barbasso.com*

49 (U5) **La Balera dell'Ortica,** *Via G. A. Amadeo 78, Tel. 02-70 12 86 80, www.labaleradellortica.com*

50 (T8) **Bar Luce,** *Largo Isarco 2, Tel. 02-56 66 26 11, www.fondazioneprada.org*

51 (U6) **Trattoria Masuelli San Marco,** *Viale Umbria 80, Tel. 02-55 18 41 38, www.masuellitrattoria.com*

52 (S7) **Bar Quadronno,** *Via Quadronno 34, Tel. 02-58 30 66 12, www.barquadronno.it*

53 (S5) **Museo del Novecento,** *Palazzo dell'Arengario, Piazza Duomo 8, Tel. 02-88 44 40 61, www.museodelnovecento.org*

54 (R2) **Ceresio 7,** *Via Ceresio 7, Tel. 02-31 03 92 21, www.ceresio7.com*

STRANDBAD ROM (S. 76–83)

55 (E9) **Weg nach Lido di Ostia,** *Lido Centro, Piazzale della Stazione del Lido*

56 (G9) **Barocchetto Romano,** *Lido di Ostia, Via Lucio Coilio 38, Tel. 340-156 67 64, www.barocchettoromano.com*

57 (G9) **Occidental Aran Blu,** *Lido di Ostia, Lungomare Duca degli Abruzzi 72, Tel. 06-56 34 02 25, www.barcelo.com*

58 (G9) **Le Dune,** *Sabaudia, Via Lungomare, Tel. 0773-512 91, www.ledune.com*

59 (G9) **Il Curvone Lido di Ostia,** *Piazzale Magellano, Tel. 393-924 43 56*

60 (G9) **Lega Navale,** *Lido di Ostia, Lungomare Caio Duilio 36, Tel. 06-56 47 04 74, www.leganavaleostia.it*

61 (A4) **Hand Made Fregene,** *Viale della Pineta di Fregene 52, Tel. 06-66 56 20 63, www.handmadefregene.it*

62 (G9) **Bar Italia,** *Sabaudia, Piazza del Comune 14, Tel. 0773-51 14 22*

63 (G9) **I Cancelli,** *Strada Provinciale 601, zwischen Lido di Castel Fusano und Campo Ascolano*

64 (G9) **Parco letterario Pasolini,** *Lido di Ostia, Via dell'Idroscalo 170*

KULTUR FLORENZ (S. 86–97)

65 (L6) **Uffizien,** *Piazzale degli Uffizi 6, Tel. 055-29 48 83, www.uffizi.it*

66 (K7) **Palazzo Pitti,** *Piazza de' Pitti 1, Tel. 055-29 48 83, www.uffizi.it*

67 (J8) **Boboli-Gärten,** *Piazza Pitti 1, Tel. 055-29 48 83, www.uffizi.it*

68 (L6) **Palazzo Vecchio,** *Piazza della Signoria, Tel.055-276 83 25, www.tinyurl.com/palazzovecchio-firenze*

69 (L6) **Bargello,** *Via del Proconsolo 4, Tel. 055-238 86 06, www.bargellomusei.beniculturali.it*

70 (M4) **Ospedale degli Innocenti,** *Piazza della Santissima Annunziata 12, Tel. 055-203 71, www.istitutodeglinnocenti.it*

71 (M4) **Accademia,** *Via Ricasoli 58/60, Tel. 055-238 86 09, www.galleriaaccademiafirenze.it*

72 (L5) **Grande Museo del Duomo,** *Piazza del Duomo 9, Tel. 055-230 28 85, www.museumflorence.com*

FUSSBALL MAILAND (S. 98–105)

73 (P3) **Stadion San Siro,** *Mailand, Piazzale Angelo Moratti, Tel. 02-48 79 82 01, www.sansiro.net, www.inter.it, www.acmilan.com*

VATIKAN (S. 106–107)

74 (B3) **Vatikanstadt,** *Petersplatz, www.tinyurl.com/audienz*

MASSENTOURISMUS FLORENZ (S. 112–119)

75 (J6) **Oltrarno**

76 (K5) **Museo Marino Marini,** *Piazza di S. Pancrazio, Tel. 055-21 94 32, www.museomarinomarini.it*

77 (K5) **Centro di Cultura Contemporanea Strozzina,** *Piazza degli Strozzi, Tel. 055-264 51 55, www.strozzina.org*

PORTFOLIO ROM (S. 122–129)

78 (G8) **Gruppo Storico Romano,** *Via Appia Antica 18, Tel. 06-51 60 79 51, www.gruppostoricoromano.it*

SPECIAL GUIDE ROM (S. 132–136)

79 (D3) **Elizabeth Unique Hotel,** *Via delle Colonnette 35, Tel. 06-322 36 33, www.ehrome.com*
80 (C5) **VOI Donna Camilla Savelli Hotel,** *Via Garibaldi 27, Tel. 06-58 88 61, www.hoteldonnacamillasavelli.com*
81 (E6) **Hotel San Anselmo,** *Piazza San Anselmo 2, Tel. 06-57 00 57, www.aventinohotels.com/sananselmo*
82 (D4) **Casa Santa Lucia Filippini,** *Largo Santa Lucia Filippini 20, Tel. 06-679 16 12, www.romacasaperferie.it*
83 (D2) **Hotel Locarno,** *Via della Penna 22, Tel. 06-361 08 41, www.hotel-locarno.com*
84 (B3) **Hotel Sant'Anna,** *Borgo Pio 134, Tel. 06-68 80 16 02, www.santannahotel.net*
85 (E3) **Hotel d'Inghilterra,** *www.starhotelscollezione.com*
86 (D5) **Freni e Frizioni,** *Via del Politeama 4/6, Tel. 06-45 49 74 99, www.freniefrizioni.com*
87 (F4/5) **Pizzeria Leonina,** *Via Leonina 84, Tel. 06-482 77 44*
88 (F4) **Black Market Monti,** *Via Panisperna 101, Tel. 339-822 75 41, www.unpluggedinmonti.com*
89 (D7) **Flavio al Velavevodetto,** *Via di Monte Testaccio 97, Tel. 06-574 41 94, www.ristorantevelavevodetto.it*
90 (E3) **Antico Caffè Greco,** *Via Condotti 86, Tel. 06-67917 00, www.anticocaffegreco.eu*
91 (G4) **Betto e Mary,** *Via dei Savorgnan 99, Tel. 06-64 77 10 96*
92 (D5) **Sora Margherita,** *Piazza delle Cinque Scole 30, Tel. 06-687 42 16, www.soramargherita.com*
93 (B3) **Vatikanische Museen mit Sixtinischer Kapelle,** *Viale Vaticano, Tel. 06-69 88 46 76, www.museivaticani.va*
94 (F1) **Galleria Borghese,** *Piazzale del Museo Borghese, Tel. 06-328 10, www.galleriaborghese.it*
95 (G8) **Via Appia Antica und Katakomben,** *Start: Porta San Sebastiano*
96 (G9) **Catacombe di San Callisto,** *Via Appia Antica 110, Tel. 06-513 01 51, www.catacombe.roma.it*
97 (G9) **Catacombe di San Sebastiano,** *Via Appia Antica 136, Tel. 06-785 03 50, www.catacombe.org*
98 (G9) **Catacombe di Santa Domitilla,** *Via delle Sette Chiese 282, Tel. 06-511 03 42, www.domitilla.info*
99 (G4) **Street-Art-Touren,** *Circonvallazione Casilina 62/64 (Büro), www.muromuseum.com*
100 (D4) **Pantheon,** *Piazza della Rotonda, Tel. 06-68 30 02 30, www.tinyurl.com/rom-pantheon*
101 (E5) **Kapitolinische Museen,** *Piazza del Campidoglio 1, Tel. 06-06 08, www.museicapitolini.org*
102 (D9) **Centrale Montemartini,** *Via Ostiense 106, Tel. 06-06 08, www.centralemontemartini.org*
103 (G4) **Palazzo del Freddo di Giovanni Fassi,** *Via Principe Eugenio 65, Tel. 06-446 47 40, www.gelateriafassi.com*
104 (C/D4) **Via del Governo Vecchio**
105 (D4) **Kolby,** *Via del Governo Vecchio 63/64/65, Tel. 06-68 80 37 32, www.kolby.it*
106 (D4) **Antica Erboristeria Romana,** *Via di Torre Argentina 15, Tel. 06-687 94 93, www.anticaerboristeriaromana.it*
107 (C4) **Faraoni,** *Via Banchi Vecchi 137, www.romanmicromosaic.it*
108 (E3) **FG Albertelli,** *Piazza del Parlamento 9 B, Tel. 06-687 37 93, www.fgroma.com*
109 (D4) **Libreria Fahrenheit,** *Piazza Campo de' Fiori 44, Tel. 06-687 59 30, www.libreriafahrenheit451.wordpress.com*
110 (C4) **Myzar,** *Via dell'Orso 73, Tel. 06-683 88 47, www.myzarstore.com*
111 (D6) **Mercato di Porta Portese,** *Piazza di Porta Portese*

SPECIAL GUIDE FLORENZ (S. 137–139)

112 (K5) **Hotel Universo,** *Piazza di Santa Maria Novella 20, Tel. 055-29 38 90, www.hoteluniversoflorence.com*
113 (K5) **Rosso 23,** *Piazza Santa Maria Novella 23, Tel. 055-27 73 01 99, www.hotelrosso23.com*
114 (K5) **Room Mate Isabella,** *Via Tornabuoni 13, Tel. 055-239 64 64, www. room-matehotels.com/de/isabella*
115 (L3) **Room Mate Luca,** *Via Ventisette Aprile 3, Tel. 055-264 55 39, www.room-matehotels.com/de/luca*
116 (J7) **Soprarno Suites,** *Via Maggio 35, Tel. 055-046 87 19, www.soprarnosuites.com*
117 (K6) **Continentale,** *Vicolo dell'Oro 6 r, Tel. 1469-610 36 11, www.continentalhotelflorence.com*
118 (L5) **Palazzo Ruspoli,** *Via Martelli 5, Tel. 055-267 05 63, www.palazzo-ruspoli.it*
119 (J7) **Palazzo Guadagni,** *Piazza Santo Spirito 9, Tel. 055-265 83 76, www.palazzoguadagni.com*
120 (L5) **Caffè Gilli,** *Via Roma 1 r, Tel. 055-21 38 96, www.caffegilli.com*
121 (K7) **Ditta Artigianale Oltrarno,** *Via dello Sprone 5 r, Tel. 055-045 71 63, www.dittaartigianale.it*
122 (O6) **Caffè Letterario,** *Piazza delle Murate, Tel. 055-234 68 72, www.lemurate.it*
123 (M/N5) **Jazz Club,** *Via Nuova de Caccini 3, www.facebook.com/jazzclubfirenze.it*
124 (M6) **Vivoli,** *Via dell'Isola delle Stinche 7 r, Tel. 055-29 23 34, www.vivoli.it*
125 (M5) **Vestri,** *Borgo degli Albizi 11 r, Tel. 055-234 03 74, www.vestri.it*
126 (K6) **Museo Ferragamo,** *Piazza Santa Trinita 5r, Tel. 055-356 28 46, www.ferragamo.com/museo*
127 (H3) **Stazione Leopolda,** *Viale Fratelli Rosselli 5, Tel. 055-21 26 22, www.stazione-leopolda.com*
128 (M7) **Museo Horne,** *Via de' Benci 6, Tel. 055-24 46 61, www.museohorne.it*
129 (L6) **Museo Franco Zeffirelli,** *Piazza San Firenze 5, Tel. 055-28 10 38, www.fondazionefrancozeffirelli.com*
130 (J/K5) **Museo Novecento,** *Piazza di Santa Maria Novella 10, Tel. 055-28 61 32*
131 (K5) **Museo Marino Marini,** *Piazza di S. Pancrazio, Tel. 055-21 94 32, www.museomarinomarini.it*
132 (M6) **Santa Croce,** *Piazza Santa Croce 16, Tel. 055-246 61 05, www.santacroceopera.it*
133 (K4) **Santa Maria Novella,** *Piazza Santa Maria Novella 18, Tel. 055-21 92 57, www.smn.it*
134 (K6) **Via de' Tornabuoni**
135 (L5) **Via Roma**
136 (K5) **Via della Spada**
137 (J6) **San Frediano,** *Borgo S. Frediano*
138 (J4/5) **Officina Profumo-Farmaceutica di Santa Maria Novella,** *Via della Scala 16, Tel. 055-21 62 76, www.smnovella.it*
139 (K6) **Flair,** *Lugarno Corsini 24 r, Tel. 055-267 01 54, www.flair.it*
140 (L6) **Spezierie Palazzo Vecchio,** *Via Vacchereccia 9 r, Tel. 055-239 60 55*

SPECIAL GUIDE MAILAND (S. 140–142)

141 (S/T4) **Senato Hotel,** *Via Senato 22, Tel. 02-78 12 36, www.senatohotelmilano.it*
142 (U7) **Un Posto a Milano,** *Via Cuccagna 2, Tel. 02-545 77 85, www.unpostoamilano.it*
143 (S5) **Straf,** *Via San Raffaele 3, Tel. 02-80 50 81, www.straf.it*
144 (U2) **Rossosegnale,** *Via Sacchini 18, Tel. 02-295 274 53, www.rossosegnale.it*
145 (S4) **Bulgari Hotel Milano,** *Via Privata Fratelli Gabba 7 b, Tel. 02-805 80 51, www.bulgarihotels.com*
146 (Q2) **Hotel Viu Milan,** *Via Aristotile Fioravanti 6, Tel. 02-80 01 09 10, www.hotelviumilan.com*
147 **148** (R5) **Pasticceria Marchesi,** *Via Santa Maria alla Porta 11 a, Tel. 02-86 27 70, www.pasticceriamarchesi.com*
149 (Q5) **Bar Magenta,** *Via Giosuè Carducci 13, Tel. 02-805 38 08, www.barmagenta.it*
150 (U2) **La Bottega del Gelato,** *Via Pergolesi 3, Tel. 02-29 40 00 76, www.labottegadelgelato.it*
151 (T7) **Trippa,** *Via Giorgio Vasari 1, Tel. 327-668 79 08, www.trippamilano.it*
152 (R2) **The Botanical Club,** *Via Pastrengo 11, Tel. 02-36 52 38 46, www.thebotanicalclub.com*
153 (P7) **The Botanical Club,** *zweiter Standort: Via Tortona 33, Tel. 02-423 28 90*
154 (S3) **Latteria San Marco,** *Via San Marco 24, Tel. 02-659 76 53*
155 (U3) **Gió Marconi,** *Via Alessandro Tadino 20, Tel. 02-29 40 43 73, www.giomarconi.com*
156 (U2/S5) **Massimo De Carlo,** *Via Giovanni Ventura 5, Piazza Belgioioso 2, www.massimodecarlo.com*
157 (P/Q1) **Lia Rumma,** *Via Stilicone 19, Tel. 02-29 00 01 01, www.liarumma.it*
158 (U5) **Zero,** *Viale Premuda 46, Tel. 02-87 23 45 77, www.galleriazero.it*
159 (S1) **Hangar Bicocca,** *Via Chiese 2, Tel. 02-66 11 15 73, www.hangarbicocca.org, Eintritt frei*
160 (Q4) **Triennale Design Museum,** *Palazzo della Triennale, Viale Alemagna 6, Tel. 02-72 43 41, www.triennale.org/design_museum*
161 (S5) **Teatro alla Scala,** *Via Filodrammatici 2, Tel. 02-887 91, www.teatroallascala.org*
162 (S5) **Dom,** *Piazza del Duomo, www.duomomilano.it*
163 (T2) **Navigli Lombardi,** *Besucherzentrum im Palazzo Pirelli: Via Fabio Filzi 22, Tel. 02-667 91 31, www.naviglilombardi.it*
164 (P7) **Mercatone del Naviglio Grande,** *Alzaia Naviglio Grande 4, Tel. 02-89 40 99 71, www.navigliogrande.mi.it*
165 (T5) **L'Arabesque,** *Largo Augusto 10, Tel. 02-76 01 48 25, www.larabesque.net*
166 (Q4) **Stivaleria Savoia,** *Via Petrarca 7, Tel. 02-46 34 24, www.stivaleriasavoia.it*
167 (U8) **Fratelli Bonvini,** *Via Tagliamento 1, Tel. 02-539 21 51, www.bonvini1909.com*
168 (P5) **Spazio Rossana Orlandi,** *Via Matteo Bandello 14/16, Tel. 02-467 44 71, www.rossanaorlandi.com*
169 **170** (R5) **Peck,** *Via Spadari 9, Tel. 02-802 31 61, www.peck.it*

ROM
Villa Borghese
Vatikan
Petersdom
Città del Vaticano
Giardini Vaticani
Porta Pertusa
Porta Perugina
Porta Sant'Anna
Engelsburg
Piazza del Popolo
Santa Maria del Popolo
Villa Medici
Mausoleo di Augusto
Spanische Treppe
Fontana di Trevi
Pantheon
Piazza Navona
Campo de'Fiori
Piazza Venezia
Santa Maria in Aracoeli
Isola Tiberina
Forum Romanum
Kolosseum
Collina del Palatino
Circus Maximus
Santi Giovanni e Paolo
Santo Stefano Rotondo
S. Maria Maggiore
Monti
Trastevere
Santa Maria in Trastevere
Orto Botanico
Villa Doria Pamphilj
Parco del Colle Oppio
Parco di Villa Albani
Villa Osio
Porta San Paolo
Tiber
Roma Termini
Roma San Pietro
Roma Trastevere
Roma Ostiense
Schweiz
Österreich
Ungarn
Frankreich
Mailand
Slow.
Kroatien
Florenz
Bosnien-Herzegowina
Ligurisches Meer
Italien
Adriatisches Meer
Rom
Albanien
Tyrrhenisches Meer
Mittelmeer
Tunesien
Zeichenerklärung
Essen & Trinken
Restaurants, Cafés, Bars
Einkaufen
Geschäfte, Boutiquen, Märkte
Erleben
Sehenswürdigkeiten, Museen
Schlafen
Hotels
Fernbahnhöfe
Metro-Stationen
0
500 m
GEO SPECIAL